Collection dirigée par le professeur Roger Brunet
assisté de Suzanne Agnely et Henri Serres-Cousiné.

© *1977. Librairie Larousse. Dépôt légal 1977-1ᵉʳ — Nᵒ de série Éditeur 7915.*
Imprimé en France par l'imprimerie Jean Didier (Printed in France).
Librairie Larousse (Canada) limitée, propriétaire pour le Canada
des droits d'auteur et des marques de commerce Larousse.
Distributeur exclusif pour le Canada : les Éditions Françaises Inc.,
licencié quant aux droits d'auteur et usager inscrit des marques pour le Canada.

Iconographie : tous droits réservés à A. D. A. G. P. et S. P. A. D. E. M.
pour les œuvres artistiques de leurs adhérents, 1977.
ISBN 2-03-013921-1

beautés de la France

La Bretagne

Librairie Larousse
17, rue du Montparnasse, 75006 Paris.

Sommaire

Dans chaque chapitre figure une carte originale de Roger Brunet.

Les numéros entre parenthèses renvoient aux folios placés en bas de page avec les titres abrégés des chapitres (1. Carnac — 2. Côte du Finistère — 3. Côte de Granite rose — 4. Côte d'Émeraude — 5. Îles bretonnes — 6. Art religieux breton — 7. Manoirs bretons).

Le reportage photographique a été réalisé par **Mery-Vloo,** à l'exception des photos pp. 2 (haut), 7 (bas), M.-L. Maylin; pp. 5, 14 (haut), Lessing-Magnum; p. 12, Corson-Fotogram; p. 13 (bas), Perlstein-Rapho; pp. 14-15 (bas), Mopy-Rapho; p. 16 (haut), Sappa-Cedri; p. 17 (haut), Desmarteau-Explorer; pp. 18-19 (bas), Marmounier-Cedri.

Le reportage photographique a été réalisé par **Alain Weiss-Explorer,** à l'exception des photos pp. 10-11, Rives-Marina-Cedri; p. 14, Thersiquel-Fotogram; p. 15 (haut), M. Garanger; pp. 15 (bas), 16 (haut), Paskall-Cedri; p. 17 (haut), Mazin-Cedri; p. 18 (bas), Guillard-Top; p. 19 (haut), P. Tétrel; p. 19 (bas), Perrelle-Rapho.

Le reportage photographique a été réalisé par **Kay Lawson-Rapho,** à l'exception des photos p. 8 (bas, à gauche), P. Jaubert; p. 8 (bas, à droite), Martin-Guillou - C. D. Tétrel; p. 13 (haut), M. Brosselin; p. 14 (haut), Sappa-Cedri; pp. 15 (haut), 18, Belzeaux-Rapho; p. 19 (bas), Hinous-Top.

Notre couverture :

Le petit port animé d'Erquy, haut lieu de la praire et de la coquille Saint-Jacques.

Phot. Kay-Lawson-Rapho.

Le reportage photographique a été réalisé par
Kay Lawson-Rapho,
à l'exception des photos
pp. 14-15 (bas), Gerster-Rapho;
pp. 15 (haut), 20, Sappa-Cedri;
p. 17 (haut), Reichel-Top;
p. 19 (bas, à droite), vu du ciel par A. Perceval.

Le reportage photographique a été réalisé par
Alain Weiss-Explorer,
à l'exception des photos
p. 3, Salmon-Top;
pp. 9 (bas), 13 (bas), Quéméré-Marina-Cedri;
p. 13 (haut), Martin-Guillou - C. D. Tétrel;
pp. 16-17 (bas), Guillard-Top;
p. 18, Sappa-Cedri;
p. 19 (haut), Février-Top;
p. 19 (bas), Henri-Rapho.

Le reportage photographique a été réalisé par
Marc Garanger,
à l'exception des photos
pp. 2, 8 (bas), 18 (haut), 19 (bas), Sappa-Cedri;
pp. 3, 9, Marmounier-Cedri;
pp. 4-5 (haut), 5 (bas), 6 (haut), 10 (haut), 14, 17 (bas), Rives-Cedri;
p. 11, Thersiquel-Fotogram;
pp. 12-13 (bas), 15 (haut), 16 (haut), Hinous-Top.

Le reportage photographique a été réalisé par
Gary Sommer-Explorer,
à l'exception des photos
pp. 2 (bas), 9 (bas), A. Abbe;
p. 12, P. Tétrel;
p. 13 (haut), Délu-Explorer;
p. 15 (haut), Lauros-Giraudon;
p. 16 (bas), Corbineau-Top;
p. 17 (haut), Nahmias-Top;
p. 17 (bas), Decargouët-Arepi;
pp. 18 (haut), 19 (bas), B. Beaujard;
p. 19 (haut), Jos-Le Doaré.

La Bretagne

PLEIN OUEST, *entre ciel et mer, s'avance la Bretagne. Elle semble garder ses distances, derrière le large rempart de profonds bocages qui la cerne et d'où émergent encore les solides tours de Vitré ou de Fougères. Elle se dit volontiers « différente », même si dans l'ensemble elle demeure d'une fidélité parfaite aux pouvoirs parisiens. Elle est plutôt fière qu'on la dise difficile à comprendre, et qu'il ne soit guère possible d'en parler avec neutralité, tant chacun a sur elle des idées toutes faites, quoique contradictoires.*

Pour le touriste, la Bretagne, c'est d'abord les sites maritimes. On les visite avec conscience, en se donnant quelque frisson pour oser braver le ciel réputé impétueux — bien à tort en vérité, car, d'avril à août, il est plus clément que le ciel parisien. On y cherche le pittoresque du plus grand peuple de pêcheurs français, navré de voir les ports déserts à l'heure du goûter, guettant l'apparition du vieux loup de mer qui tire éternellement sur une pipe éteinte, ou dans l'attente impatiente et souvent déçue d'une vieille et douce grand-mère à coiffe. À peine si, rentrant en ville pour se rassasier de crêpes et de cidre, après une riche moisson de calvaires et l'exténuante ascension d'un phare, on note distraitement qu'il y a décidément beaucoup de maisons neuves et de jeunes gens dans les rues.

L'intérieur est plus secret, morcelé par le réseau de haies où se cachent les fermes dispersées, même si le bocage un peu étouffant est allègrement rasé par des agriculteurs qui rêvent d'espace, de grands champs et de vue. Il manque, sans doute, de forêts. Mais il abonde en sites curieux, en rochers à vif, en eaux rapides et en bourgs actifs aux belles églises, autour desquelles se serrent les vieilles maisons de schiste et de granite. Et en plateaux sillonnés de vallées encaissées aux eaux claires et poissonneuses, ou en reliefs modestes mais qui, fouettés par les vents du large, dénudés sous leur lande rase, font déjà figure de « montagnes », aux paysages sévères mais prenants, et en portent fièrement le nom.

C'est dans leurs parages qu'on peut admirer ces « enclos paroissiaux » qui expriment le mieux la dévotion et l'imagination des Bretons : un village dans le village, dont chaque pièce a sa fonction, tout en étant œuvre d'art — d'un art fruste et luxuriant, art de pauvres mais non art pauvre, qui s'exprime non point dans la dimension des édifices mais dans la richesse de leur parure. Moins un « art paysan » que le fruit d'artisans professionnels, charpentiers de marine et maçons inspirés, mais un art populaire en tout cas, et réaliste, où les compagnons du Christ sont le portrait des Bretons du XVIᵉ siècle, et qui a dû composer avec un matériau difficile à travailler, le granite.

D'où, si l'on y ajoute la patine du temps, ce flou (artistique) qui laisse place à l'imagination. Et, de celle-ci, la Bretagne n'a pas manqué, elle qui a inventé ou enrichi tant de mythes et brodé autour de couples indissociables : la mort — l'Ankou — et la mer, qui engloutit corps et âmes, corps et biens, villes et forêts; les deux éternels féminins associés et opposés, l'ensorceleuse pour se perdre, Viviane ou Dahut, et la bienveillante grand-mère pour se retrouver, mammgoz et Ana, ancêtre à la fois des Bretons et de Jésus; le bon roi Arthur et ses faiblesses ou les barons félons et pillards et leurs exactions, bien plus historiques celles-ci.

Il n'est pas un recoin de Bretagne où de rugueuses sculptures, des fontaines « miraculeuses », des dolmens, des roches n'évoquent ces légendes, complaisamment relatées par les guides : preuves au moins d'une singulière capacité d'imagination poétique, qui se voit aussi à l'extraordinaire prolifération des saints bretons, dont bien peu ont accès au panthéon officiel — saints guérisseurs, saints pour toutes les difficultés de la vie, héritiers des dieux préchrétiens. Tout cela perpétué par les célèbres pardons, et bien loin de disparaître, comme le montre le renouveau actuel de la langue et des veillées, voire des « fest noz » et des bardes. Avec bien du changement dans ce renouveau : on ne chante plus tout à fait les mêmes choses, et la Bretagne va protestant.

C'est un peu cela, la Bretagne. Et tellement plus. Pour l'apprécier, il faut, comme ailleurs et plus qu'ailleurs, sortir des grands itinéraires. Connaître sa patience et ses éclats. Son acharnement et ses désespoirs. Sa fidélité aux traditions et aux hommes de l'ordre, et ses défoulements.

Et, si elle est difficile à comprendre, elle l'est moins à admirer.

Un mot encore : la question des limites de la Bretagne est un sujet de passion. Bien sûr, Nantes est bretonne. Mais à tout jeu il faut une règle : nous avons choisi celle des limites officielles des régions françaises, qu'après tout les Bretons eux-mêmes ont bien dû accepter en leurs institutions et en leurs quatre départements.

ROGER BRUNET.

mégalithes,
golfes et grèves
la Bretagne du midi

*F*alaises déchiquetées de la côte Sauvage,
dunes et plages de sable fin,
plaisirs de la voile et joies de la pêche,
la presqu'île de Quiberon offre
un large éventail de sites et de distractions.

◄ *Debout depuis cinq mille ans,*
les menhirs de Carnac
n'ont pas fini d'intriguer les savants.
(Alignements de Kermario.)

◄ *Sur la côte Sauvage,*
inlassablement
fouillée par la mer,
l'arche de Port-Blanc.

Le jour se lève
sur le cordon de sable
qui fait de Quiberon
une presqu'île. ▼

◄ *Jeux de lumière*
subtils :
coucher
de soleil
au large
de Quiberon.

On a longtemps cru que les dolmens
étaient des autels sur lesquels les druides
se livraient à des sacrifices humains,
mais les squelettes, les bijoux et les poteries
découverts sous ces tables de pierre
prouvent qu'il s'agit d'inoffensives sépultures,
très antérieures à l'époque des Gaulois.

◄ À ras de terre, la table du Mané Lud,
un des grands dolmens
de Locmariaquer, cache une salle
où furent découverts des ossements.

Les parois des dolmens
sont parfois gravées.
(Les «Pierres plates»,
à Locmariaquer.) ▼

Mystérieuses, énigmatiques, les «pierres levées»
n'ont pas encore livré leur secret,
mais l'on s'accorde généralement
à considérer les alignements de menhirs
comme les sanctuaires d'un culte voué à l'adoration du Soleil.

6. Carnac

*Nos ancêtres ont dû ▲
fournir un travail colossal
pour dresser et aligner
les menhirs de Carnac.*

◄ *La mer a submergé
la plupart des menhirs
de l'îlot d'Er Lanic,
qui dessinaient un 8.*

▲ *Près d'Auray,*
la chapelle de Saint-Avoye
abrite l'auge de pierre
dans laquelle, dit-on,
le saint traversa les mers.

Doux paysage des environs ▶
de La Trinité-sur-Mer,
au bord de la rivière de Crach.

Émaillée de villages paisibles et de vieilles églises chargées de souvenirs,
piquetée de pommiers à cidre aux fruits aigrelets,
doucement vallonnée, égayée par le chatoiement
des étangs et des eaux vives,
la verte campagne morbihannaise
est l'une des plus souriantes de la Bretagne.

Les dernières maisons de Carnac ▶
viennent buter sur les menhirs
des alignements du Ménec.

▲ *Semblable*
à une armée pétrifiée,
la longue théorie
des menhirs de Carnac.

Mor-Bihan, « Petite Mer »... La côte méridionale de la presqu'île bretonne a sans doute des falaises moins vertigineuses que le Finistère voisin, mais les hommes préfèrent souvent une nature à leur mesure. Entre l'embouchure de la Laïta et celle de la Vilaine, ils viennent de plus en plus nombreux profiter des plages de sable blond et se livrer à toutes les joies du nautisme dans cette région où la terre, échancrée de rias profondes, est plus intimement mêlée à la mer que nulle part ailleurs. Ils viennent aussi y découvrir, dans les landes parsemées de bouquets de pins, parmi les fougères et les ajoncs, de mystérieuses pierres levées, énigmatiques témoignages d'une civilisation disparue.

Parce qu'ils portent des noms bretons, on pense souvent que menhirs et dolmens sont l'apanage de la Bretagne. Il n'en est rien. On en trouve dans toute l'Europe, voire, sous une forme voisine, dans le monde entier. Il n'en reste pas moins qu'ils sont plus nombreux en Bretagne qu'ailleurs, surtout à proximité de la mer, et tout particulièrement sur la côte du Morbihan.

La civilisation des mégalithes

Ces « grandes pierres », qui donc les a dressées, et pour quoi faire? Ces deux questions ont fait l'objet des réponses les plus fantaisistes, et les énigmes qu'elles posent sont loin d'être résolues. Sans parler de Rabelais, qui décrit l'édification d'un dolmen par Pantagruel pour faire « banqueter les escoliers », ni d'un docte ingénieur militaire, qui attribue les menhirs aux légionnaires romains, manipulant ces pierres qui pèsent plusieurs dizaines de tonnes dans le seul but d'abriter leurs tentes du vent, elles furent longtemps considérées comme étant d'origine celtique et rattachées à la religion des druides.

Les recherches des archéologues et les progrès de la science (notamment la découverte du radiocarbone 14, grâce auquel on peut dater les restes avec précision) permettent aujourd'hui d'affirmer que les mégalithes sont très antérieurs aux Gaulois et que, s'il est possible que les druides les aient utilisés à des fins religieuses, ces derniers n'étaient en tout cas pour rien dans leur édification.

Les mégalithes bretons datent de la fin de l'époque néolithique et du début de l'âge du bronze, entre 4000 et 1800 (environ) av. J.-C. Ils furent dressés par un peuple inconnu, probablement venu de la mer. Les fouilles ont montré qu'il ne s'agissait pas d'hommes des cavernes, se nourrissant du produit de leurs chasses, mais de tribus vivant de l'agriculture, de l'élevage et de la pêche dans des villages de huttes. Ces hommes cultivaient les céréales, dont ils tiraient de la farine et de la bière, et le lin qui servait à fabriquer filets et vêtements. Ils connaissaient la céramique et quelques métaux (or, cuivre, bronze).

Ils possédaient une organisation sociale, élevaient à leurs dieux de véritables temples de menhirs, et rendaient un culte à leurs morts en les enterrant sous des dolmens.

Ce peuple inconnu, suffisamment évolué pour transporter et lever des masses qui dépassent parfois 100 t dans le seul but d'honorer ses dieux et ses défunts, a laissé dans le Morbihan tant de témoignages de sa civilisation d'avant l'histoire que le visiteur, fasciné, se sent moins attiré par Lorient, la ville d'aujourd'hui, ou par Vannes, la cité d'hier, que par Carnac, le sanctuaire d'avant-hier, chargé d'autant d'énigmes que d'années.

Face à la mer, un travail de titan

À mi-distance de la ria d'Étel et du golfe du Morbihan, *Carnac*, capitale de la préhistoire, est maintenant une plage élégante, enchâssée dans la verdure et dans les fleurs. Tournant le dos à ses mégalithes et au continent, elle regarde résolument vers la mer et compte davantage, pour assurer son avenir, sur sa vaste plage en demi-lune et sur Port-Andro, sa base de dériveurs, que sur ses souvenirs du passé.

Ce sont pourtant ces derniers qui ont donné naissance à la principale attraction du vieux bourg, le très intéressant musée préhistorique Miln-Le Rouzic. Véritable apôtre laïc, Zacharie Le Rouzic (1864-1939) consacra sa vie à sauver le plus grand nombre possible des trésors de Carnac, sa ville natale. Associé à un archéologue écossais, James Miln, il rassembla tous les vestiges qui avaient échappé à la cupidité, à la bêtise et à la superstition, mais aussi à l'intolérance et au fanatisme.

L'église, qui date du XVIIe siècle et possède un très original porche à baldaquin, est dédiée à saint Cornély, un pape très authentique, martyrisé en 253, qui s'appelait en réalité Corneille. « Annexé » par les Bretons qui modifièrent un peu son nom, Corneille, ou Cornély, est considéré comme le protecteur des troupeaux parce qu'il avait interdit aux chrétiens les sacrifices d'animaux en usage chez les païens. Une légende locale, très répandue, le représente fuyant la persécution jusqu'à Carnac. Les cohortes romaines sur ses talons, il se laisse acculer à la mer et ne trouve le salut qu'en changeant, avec l'aide de Dieu, ses poursuivants en pierres. Depuis lors, les soldats pétrifiés sont toujours alignés dans la lande, mais une fois l'an, la nuit de Noël, ils reprennent vie et vont se désaltérer dans les mares voisines...

Figés pour l'éternité dans leur immobilité minérale, les mystérieux alignements de Carnac s'étirent sur des kilomètres à travers la lande, d'est en ouest, sur l'herbe rase, parmi les buissons, dans les bois de pins. Répartis en trois séries principales, celle du Ménec, celle de

Les mots clés des champs de pierres

C'est au XVIIIe siècle que les archéologues formèrent, le plus souvent avec des racines celtes, les termes qui servent aujourd'hui à désigner les monuments mégalithiques (du grec *megas*, « grand », et *lithos*, « pierre »).

Une pierre dressée verticalement est un *menhir* (du bas breton *men*, « pierre », et *hir*, « longue »).

Plusieurs blocs dressés, supportant une pierre plate (sur une face au moins) et formant ainsi une sorte de table, ont reçu le nom de *dolmen* (de *dol*, « table », et *men*, « pierre »).

Ces mots ont pratiquement été adoptés par tous les préhistoriens d'Europe, et les deux monuments qu'ils désignent peuvent être considérés comme les éléments de base de toutes les constructions mégalithiques existantes.

Des menhirs disposés de façon rectiligne constituent un *alignement*. Lorsqu'ils forment une enceinte (circulaire, ovale ou rectangulaire), cette dernière s'appelle un *cromlech*. Les allées constituées par les alignements aboutissent souvent à un cromlech, comme la nef d'une cathédrale aboutit au chœur.

Merveilles d'équilibre, les menhirs sont enfoncés dans le sol par leur extrémité pointue d'un dixième de leur longueur environ, et calés par de la pierraille. Leur taille est très variable. Les plus petits sont des pierres brutes. Les plus grands, toujours isolés, sont parfois taillés, ce qui leur donne une forme à peu près régulière.

Longtemps considérés, avec une

▲ *Quiberon : face à l'Océan, un menhir solitaire familièrement surnommé « le Chapeau d'évêque ».*

Côte Sauvage de Quiberon : seuls les très bons nageurs affrontent les rouleaux
▼ *de l'anse de Port-Bara.*

Kermario et celle de Kerlescan, ils forment le rassemblement de menhirs le plus impressionnant que l'on puisse voir : 1 169 au Ménec (dont 70 disposés en ellipse, et 1 099 sur 11 lignes parallèles), 1 029 à Kermario (sur 10 rangées) et 594 à Kerlescan (dont 39 disposés en ellipse, et 555 sur 13 lignes parallèles). Au total, près de 3 000 menhirs à la queue leu leu, régulièrement espacés, dont la taille varie de moins de 1 m à près de 4 m, auxquels il faut ajouter les alignements des environs, notamment ceux de Sainte-Barbe, à Plouharnel, et ceux de Kerzhero, à Erdeven.

Pour dissiper, en partie, le vertige qui vous saisit devant le spectacle de ces milliers de pierres levées, représentant des dizaines de milliers de tonnes de roc, d'habiles physiciens, de judicieux géomètres et d'éminents spécialistes du génie ont démontré que l'entreprise consistant à déplacer et à dresser des blocs pesant de 2 à 350 t était, pour les carriers du néolithique disposant de rondins, de beaucoup de bonne volonté et de quelques bœufs, une œuvre

considérable, certes, mais non impossible. Il n'empêche que l'entreprise, si elle était réalisable, reste inexplicable. Pourquoi des hommes astreints à une difficile lutte pour la vie consacrèrent-ils, pendant plusieurs générations, une grande partie de leurs forces et de leur temps à cet ouvrage gigantesque ?

Une Rome préhistorique

On n'a trouvé à ce tour de force aucune utilité pratique. Aussi admet-on désormais que Carnac était — comme aujourd'hui Rome ou Lourdes — une terre sainte, couverte de sanctuaires, où tout un peuple venait sacrifier aux dieux d'alors. Explication d'autant plus plausible que, comme le fait remarquer Fernand Niel, le centre religieux de Carnac « se trouvait à un carrefour. C'était le point où la civilisation nordique rejoignait la civilisation méditerranéenne ».

frayeur superstitieuse, comme des tables de sacrifice, les dolmens, du *trilithe* (dolmen réduit à deux montants et une pierre horizontale) à l'*allée couverte* (série de dolmens juxtaposés), avaient certainement un caractère funéraire. Il est difficile d'être plus précis, car si certains monuments renfermaient des dizaines de squelettes (50 à Port-Blanc), d'autres n'en contenaient qu'un seul, ou des ossements entassés en vrac. La nature du terrain a d'ailleurs souvent compromis la conservation des dépouilles pendant des milliers d'années. On pense que la plupart des dolmens, sinon tous, étaient, à l'origine, recouverts de terre *(tumulus)* ou de pierres *(galgal* ou *cairn)*, et que c'est l'action des intempéries ou des hommes qui les a dégagés. ■

▲ *Tumulus de Gavrinis :*
les parois sont couvertes
de gravures abstraites
datant du néolithique.

D'autres mégalithes bretons

Si le Morbihan est spécialement riche en monuments mégalithiques (343 dolmens et 240 menhirs, en plus des célèbres alignements), les autres départements bretons possèdent également de remarquables témoignages de cet art multimillénaire. Il serait fastidieux de les énumérer tous, mais on peut en citer quelques-uns, parmi les plus spectaculaires.

Le Finistère, fort bien fourni en pierres levées, détient le plus grand menhir encore debout de la Bretagne, celui de *Kerloas,* à Plouarzel, qui mesure une douzaine de mètres. Pesant quelque 150 t, il est taillé, et son sommet coupé en biseau fait penser qu'il pourrait avoir été décapité par la foudre. D'autres grands menhirs du Finistère sont

À l'entrée
du golfe du Morbihan,
Port-Navalo, à la pointe
▼ *de la presqu'île de Rhuys.*

L'orientation des alignements suivant la course apparente du soleil, aux équinoxes et aux solstices, est souvent contestée. Il suffit de deux points pour déterminer la position d'un astre, et les repères intermédiaires ne sont qu'une source d'erreurs. Si les menhirs isolés peuvent donc être considérés comme des «crans de mire» astrologiques, il faut trouver une autre raison d'être aux alignements, dont les directions sont d'ailleurs imprécises et multiples.

Les explications avancées sont compliquées et peu probantes. Les champs de pierres levées auraient permis de prédire les éclipses (ce qui paraît d'une utilité très relative, sauf pour les prêtres se targuant d'un pouvoir divinatoire) ou de déterminer la date des semailles et des moissons (mais quel cultivateur a besoin pour cela d'un appareillage aussi colossal?). Mieux vaut reconnaître que nous ne savons pas grand-chose et que nous pouvons seulement supposer qu'il s'agit de monuments religieux ayant probablement trait aux plus anciens cultes de l'humanité, ceux du Soleil et de la Lune. De plus, la forme souvent suggestive des menhirs permet de penser qu'il pourraient être des symboles de fertilité.

Le pèlerin avisé, calquant sa marche sur la course du soleil, abordera les alignements de Carnac par l'est pour se diriger vers l'ouest, des plus petits menhirs (50 cm) aux plus grands, de l'entrée de cette cathédrale champêtre à son chœur, ces enceintes de pierres en anneau que l'on nomme «cromlechs».

Le premier alignement est celui de Kerlescan, qui s'étend sur 880 m. Après une interruption de près de 400 m, Kermario déroule ses 1 100 m. Ici, contrairement à Kerlescan, pas de cromlech terminal, mais... un vaste parc à voitures.

Un peu à l'écart, sur une butte artificielle, se dresse un grand menhir, le Manio, haut de 5,80 m, sur la base duquel sont gravées 5 lignes verticales tremblées. Elles représentent, croit-on, des serpents stylisés.

Le dernier alignement est celui du Ménec. C'est le plus long (1 200 m) et celui dont les menhirs sont le plus hauts. Les voitures ont respecté son cromlech, mais des maisons ont été bâties à l'intérieur, ce qui gâche la perspective.

Une floraison de « pierres dressées »

Si les alignements de Carnac, par leur étendue et par le nombre de «pierres dressées» qui les composent, sont uniques, ils sont loin d'être la seule manifestation intéressante de la civilisation des mégalithes dans cette région. Au hasard des routes et des sentiers, le promeneur peut découvrir d'autres vestiges de cet art morbihannais, les dolmens. Cernées, ou presque, par les alignements, ces sépultures

également taillés, notamment ceux de Berrien, de Porspoder et de Plourin. Quant à celui de *Brignogan-Plage,* baptisé Men-Marz (Pierre du miracle), il est « christianisé » par deux croix, l'une — gravée — au pied, l'autre — sculptée — au sommet.

Deux monuments mégalithiques du Finistère méritent une mention spéciale : les alignements de *Lagatjar,* à Camaret, qui groupent 143 menhirs, et l'énorme cairn de *Barnenez,* à Plouézoch : ses flancs en gradins abritent 11 dolmens à couloir, dont 9 à chambre voûtée.

Les Côtes-du-Nord, en plus de nombreuses allées couvertes, possèdent, avec le menhir de *Caïlouan,* à Plésidy, un rival sérieux de celui de Kerloas : il dépasse 11 m. Le mégalithe le plus connu du département est probablement le

grand menhir « christianisé » de *Saint-Duzec,* à Pleumeur-Bodou : depuis la fin du XVIIe siècle, il est transformé en calvaire par l'adjonction d'un Christ en croix et des instruments de la Passion, grossièrement sculptés dans le granite et jadis enluminés.

Encore un magnifique menhir taillé (9,50 m) en Ille-et-Vilaine, à Dol-de-Bretagne, au *Champ-Dolent,* ainsi qu'un gigantesque dolmen à portique, la *Roche aux fées* d'Essé, dont toutes les pierres — 41 blocs de schiste pourpré — furent transportées, avant leur mise en place, sur plus de 4 km.

La Loire-Atlantique est moins riche, mais elle possède néanmoins deux beaux tertres — un cairn à Pornic et un tumulus à Saint-Nazaire —, abritant chacun deux dolmens à couloir. ■

▲ *Durant la belle saison, le port de La Trinité-sur-Mer abrite plus de bateaux de plaisance que de barques de pêche.*

néolithiques, classées « monuments historiques », sont désormais restaurées et protégées. Nulle part comme dans le Morbihan leur combinaison avec les menhirs n'est aussi harmonieuse, qu'elles soient ou non associées à des tumuli.

Tout près de Carnac, à 400 m de l'église, s'élève le tumulus Saint-Michel, long de 125 m et haut de 12 m. Fait de pierres sèches recouvertes de terre, il est couronné d'une chapelle et recèle un réseau de couloirs et de chambres funéraires dans lesquelles on a trouvé non seulement des ossements humains, mais des squelettes de ruminants.

Vers le nord-ouest, au bord d'une route, le dolmen trapu de Crucuno semble curieusement adossé au mur d'une ferme, alors qu'il est cent fois plus vieux qu'elle et que, assurément, il lui survivra. Les deux dalles très inégales qui le recouvrent sont soutenues par 11 piliers verticaux.

Non loin, dans un bois de pins, le dolmen de Mané-Croec'h reste plus isolé. Avec ses quatre chambres latérales, il demeure l'un des plus remarquables de Bretagne.

C'est dans les environs immédiats que se trouve l'extrémité des alignements de Kerzhero, qui soutiennent la comparaison avec ceux de Carnac proprement dits. Accessibles par la route d'Erdeven qui les traverse de part en part, ils rassemblent, sur plus de 2 100 m, 1 129 menhirs, dont certains dépassant 6 m, rangés d'est en ouest sur 10 lignes écartées de 64 m et coupées à angle droit par une autre ligne de 23 menhirs.

Près de Carnac, dans l'agglomération de Plouharnel, entre la gare et l'école, les trois dolmens de Rondossec, naguère recouverts d'un important tumulus, sont aujourd'hui visibles. Dans l'un d'eux, on trouva jadis des bracelets d'or renfermés dans un vase en terre noire.

En remontant vers le nord-ouest, on peut — après un petit crochet pour admirer la dalle imposante qui, à ras de terre, recouvre le dolmen de Runesto — escalader la Butte aux nains (Mané-Kerioned), avec d'autant plus de facilité que des marches y ont été aménagées. Le tertre est désormais éventré de part en part. La disposition des trois dolmens qu'il recouvrait est doublement originale : les monuments sont situés à des niveaux différents et, si l'ouverture de deux d'entre eux est, comme l'usage le voulait, dirigée vers le sud, celle du troisième fait face à l'est. L'ensemble a donc la forme d'un fer à cheval.

À 100 m de là, l'impressionnant dolmen de Keriaval n'a malheureusement conservé que deux des quatre cabinets latéraux qu'il possédait à l'origine. Sur la droite, une petite route mène à Crucuny et au tumulus du Moustoir, surmonté d'un menhir gravé. Au bord de la route de Carnac à Auray, un autre tumulus, long de 85 m, large de 36 et haut de 5, possède des chambres à encorbellement (la plus ancienne

Petites îles d'une petite mer

De tous les îlots qui affleurent les eaux miroitantes du golfe du Morbihan, deux seulement sont assez vastes pour mériter le nom d'« île » et assez peuplés pour avoir rang de commune.

L'île aux Moines, la « Perle du Golfe », le plus grand de ces mondes en miniature, est aussi le plus pittoresque. En forme de croix, elle est agrémentée d'une crête de coteaux verdoyants qui, malgré leur altitude dérisoire (30 m), ont un petit air de montagnes. Des bois au nom romantique — bois d'Amour, bois des Soupirs, bois des Regrets —, où les chênes et les hêtres se mêlent aux pins, apportent le charme de leurs ombrages à un paysage de campagne au climat extrêmement doux. Les petits jardins qui

▲ *L'île aux Moines :
baignade au pied des pins
du bois d'Amour.*

*Niché dans l'une
des échancrures du golfe,
le petit port de pêche
▼ de Larmor-Baden.*

des formes « dolméniques » connues), dans lesquelles on a découvert une vingtaine de coffres funéraires et autant de tombeaux.

L'île capturée

Si l'anse de Carnac est particulièrement calme, c'est qu'elle est protégée des vents du large par une longue digue naturelle, une étroite langue de sable et de roc qui s'avance en mer à la rencontre de sa sœur Belle-Île, la *presqu'île de Quiberon.*

En fait, Quiberon n'est rien d'autre qu'une île... rattachée au continent, comme si ce dernier, pour punir cette insolente qui le narguait sans savoir qu'elle n'était pas hors de sa portée, avait lancé vers elle un tombolo, mince remblai de sables et de galets rassemblés par les courants côtiers. Aussitôt franchi cet isthme, tout juste assez large pour la route et la voie du chemin de fer et commandé par le vieux fort de Penthièvre, s'offre un paysage dénudé dont les seuls reliefs sont des pierres : pierres sèches des murets qui séparent les champs, pierres levées des alignements de Saint-Pierre-Quiberon (24 menhirs disposés sur 5 lignes aboutissant à un cromlech en demi-cercle de 25 menhirs), menhirs isolés, si nombreux que certains doivent être nés de l'initiative de touristes entreprenants.

Les deux côtes sont aussi dissemblables que possible. À l'est et au sud se succèdent les plages de sable, les ports, les maisons blanchies à la chaux des pêcheurs et les villas entourées de pins des estivants. À l'ouest, solitaire et désolée, la côte Sauvage aligne, sur fond de landes, le chaos de ses récifs et de ses rochers fissurés, déchiquetés, crevassés de grottes dans lesquelles le vent mugit. L'automobiliste peut désormais jouir de ce paysage d'une austère grandeur, une route — tout au long de laquelle sont aménagés des points de vue — longeant maintenant la côte occidentale de la presqu'île.

La page la plus célèbre de l'histoire locale fut écrite par le général Hoche en 1795. Ses Bleus s'emparèrent du fort de Penthièvre, tenu par les hommes de Cadoudal et des émigrés venus d'Angleterre, et l'armée royaliste, prise au piège dans le cul-de-sac de la presqu'île, périt fusillée ou noyée. Cet épisode eut une influence déterminante sur l'évolution de cette guerre si peu civile.

Pendant longtemps, Quiberon s'est consacrée presque exclusivement à la pêche des sardines. Aujourd'hui, elle est devenue une station balnéaire extrêmement fréquentée et remarquablement éclectique, puisqu'elle reçoit aussi bien les colonies de vacances que les estivants aisés. Depuis quelques années, sous l'impulsion de Louison Bobet, elle a ajouté la thalassothérapie à ses attraits touristiques. Enfin, suivant l'exemple de ses voisines, elle cherche à augmenter sa capacité d'accueil des plaisanciers et multiplie les écoles de voile.

Un dédale marin

Si la baie bien abritée de Quiberon peut tenter les baigneurs de Carnac-Plage, elle a également de quoi séduire les amateurs de voile. Tout près de Carnac, à l'entrée de la ria de Crach, *La Trinité-sur-Mer* leur offre un des ports de plaisance les plus fréquentés de la côte bretonne, capable d'héberger près de 700 voiliers. Important centre ostréicole, port de pêche, station balnéaire, La Trinité-sur-Mer est la reine de la plaisance, et les régates s'y succèdent durant toute la belle saison.

Quand les barreurs amateurs ne cherchent pas à disputer ses lauriers à Éric Tabarly, un enfant du pays, ils s'en vont exercer leurs talents dans le tout proche *golfe du Morbihan.*

Il faut avoir exploré les innombrables déchirures côtières de la « Petite Mer » — *Mor-Bihan,* par opposition à *Mor-Braz,* la « Grande Mer » —, avoir vu surgir avec le jusant les monstres minéraux que le

entourent les maisonnettes blanches sont plantés de mimosas et de camélias, et l'été les figuiers portent de vraies figues.

Ce microcosme, dont la plupart des hommes sont marins et dont les femmes passent pour particulièrement belles, a aussi des landes fleuries de bruyères et d'ajoncs, un château enfoui dans la verdure, une petite église datant du XIIᵉ siècle, un bourg et des boutiques aux étalages tentateurs, des hameaux nichés au creux d'anses bien abritées, des plages de sable fin et des mégalithes : un cromlech en ellipse de 90 m de diamètre et un dolmen planté sur une éminence d'où l'on découvre tout le golfe.

L'*île d'Arz* (on prononce « Ar ») est moitié moins longue que sa voisine (3 km). Plate, dénudée, elle est aussi plus austère. Les maisons blanches du bourg du Gréavo, groupées autour d'une église de granite gris qui a conservé quelques piliers et quelques chapiteaux de l'époque romane, n'abritent guère que des marins, et, jusqu'ici, Arz est restée à l'écart du courant touristique qui, pendant la belle saison, déferle sur l'île aux Moines.

Au sud d'Arz, l'*île Hur* est maintenant inhabitée, et ses maisons sont en ruine, mais sa chapelle demeure le but d'un pardon original, où l'on vient en barque de tous les coins du golfe (3ᵉ dimanche de juillet).

Il y a également une chapelle — et une ferme — dans l'*île de Boëdé*. On trouve un château dans l'*île Berder* et un galgal dans l'*île Longue*, sans parler du célèbre tumulus de *Gavrinis* ni du double cromlech d'*Er-Lanic*. ■

▲ *Lourdes dalles posées sur une double rangée de supports : une allée couverte dans les landes de l'île aux Moines.*

flux avait recouverts pour comprendre à quel point cette mer intérieure de 100 km², parsemée d'îles et d'îlots, ressemble peu à ce que suggère habituellement le mot « golfe ».

En pénétrant et en se retirant deux fois par jour par l'étroit goulet qui sépare Port-Navalo de la pointe de Kerpenhir, l'Océan bouleverse une zone de 20 km de largeur et de 16 km de profondeur, et il anime les estuaires d'une demi-douzaine de rivières. Entre les îles (il y en a autant que de jours dans l'année, dit-on) naissent de violents courants qui compliquent la navigation mais évitent du moins l'ensablement.

La découverte du golfe ne peut se faire que par la voie des eaux. Aucune route ne longe le littoral d'une façon suivie, et des propriétés privées occupent fréquemment les promontoires les mieux situés. Pour ceux qui ne disposent pas d'un bateau, un service de vedettes permet d'admirer la beauté irréelle de ce dédale marin et les merveilleux jeux de lumière qui l'animent. Partant de Vannes, au fond du golfe, ces vedettes desservent plusieurs fois par jour les deux îles les plus peuplées, *Arz* et l'*île aux Moines*, ainsi que Port-Navalo et Locmariaquer. Quelques-unes d'entre elles remontent même la large ria de la rivière d'Auray, entre deux rangées de parcs à huîtres, en faisant escale au Bono, petit port de pêche qui abrite un tumulus dont la galerie intérieure est coudée à angle droit.

Toutes les îles du golfe étant fort peu élevées au-dessus de l'eau, même lorsqu'elles ont un relief un peu accidenté, le panorama est très étendu. Beaucoup d'entre elles sont de simples cailloux, certaines portent une maigre végétation, quelques-unes sont habitées, et dans les jardins la douceur exceptionnelle du climat permet aux camélias et aux figuiers de s'épanouir parmi les chênes verts, les grenadiers et les aloès.

C'est dans ces parages que les galères de Jules César triomphèrent de la flotte des Vénètes, les Gaulois qui ont donné leur nom au Vannetais et que l'on considérait alors comme les meilleurs marins d'Europe. Le combat n'eut probablement pas lieu dans le golfe même, d'accès trop difficile, et dont les contours étaient sans doute un peu différents des rivages actuels, tant le jeu des oscillations du niveau de la mer et des lents mouvements du sol est ici subtil.

Le village aux records

Si, aujourd'hui, les huîtres et les homards suffisent à faire le bonheur des habitants de *Locmariaquer*, à l'entrée de l'estuaire de la rivière d'Auray, ce village reste, pour les amateurs d'art mégalithique, le site qui abrite, entre autres merveilles, le plus important des dolmens et — en quatre morceaux il est vrai — le plus orgueilleux menhir que les hommes aient jamais tenté de dresser vers le ciel.

C'est par un serpent de pierre que l'on peut commencer la visite de Locmariaquer. L'allée couverte des Pierres-Plates, à l'extrémité sud du site, offre à celui qui, guidé par le menhir « indicateur », franchit l'entrée de sa longue galerie coudée le spectacle surprenant d'ornementations étonnamment fraîches, gravées dans le roc des supports. Les palmiers qu'elles semblent figurer seraient, selon l'abbé Breuil, des représentations stylisées de la déesse mère.

Après avoir découvert successivement le galgal de Mané-er-Hroëc'h, où l'on trouva, au siècle dernier, plus de cent haches de pierre, le tumulus de Mané-Lud, aux multiples signes gravés, et le dolmen de Mané-Rethual, extraordinairement vaste, on atteint le plus célèbre dolmen d'Armorique, celui de la Table des Marchands.

Composée de 17 pierres verticales, taillées en pointe, et de trois énormes dalles de granite dont la plus grande, épaisse de 1 m environ, mesure 5,40 m sur 2,70 m, cette grandiose sépulture émerge d'un tumulus de près de 20 m de rayon. Au fond, face à l'entrée, à la place

▲ *Vannes : un lavoir
au charme vieillot,
baigné par les eaux
du ruisseau de Rohan.*

Vannes l'aristocrate

Vannes est bâtie au flanc d'un mamelon, tout au bout d'un estuaire qui s'ouvre au fond du golfe du Morbihan, et les bateaux, à marée haute, remontent, par un étroit chenal, jusqu'à la ville. Aujourd'hui chef-lieu du département, celle-ci peut s'enorgueillir d'un passé plus riche que celui de la plupart des cités bretonnes. Métropole des Vénètes, les courageux adversaires de César, puis évêché, capitale (avec Nantes) du duché de Bretagne, siège — pendant près d'un siècle — du parlement de la province, elle eut le triste privilège d'être le théâtre d'affrontements sanglants entre royalistes et républicains, dans la dernière décennie du XVIIIe siècle.

Mais l'histoire est loin. Le château abrite maintenant des collections préhistoriques, et les remparts n'on plus d'autre rôle que de séduire (surtout la nuit, lorsqu'ils sont illuminés) les touristes, pacifiques envahisseurs.

La cathédrale Saint-Pierre est le symbole d'une ville qui, siècle après siècle, s'est enrichie de ce que lui apportaient les générations successives. Sa tour romane est surmontée d'une flèche du XIXe siècle, le portail nord du transept est flamboyant, et la chapelle latérale en rotonde date de la Renaissance. Devant l'église, la place Henri-IV est entourée de pittoresques maisons du XVIe siècle.

À l'entrée de l'estuaire du Vincin, qui s'ouvre dans la rivière de Vannes, la petite *île de Conleau,* reliée à la terre ferme par un pont, est la promenade favorite des Vannetais. Les plus aisés y

*Auray : les maisons
du vieux quartier
Saint-Goustan*
▼ *se mirent dans le Loch.*

d'honneur, une pierre se dresse comme une idole. Frangée d'une sorte de « cheveux minéraux », ornée, en deux parties symétriques, d'une multitude de crosses sculptées, elle a suscité mille et une interprétations, toutes aussi incertaines. Sur le plafond du dolmen, une gravure offre la plus belle représentation de charrue primitive que l'on possède.

Le géant foudroyé

Mesurant quelque 21 m et pesant près de 350 t, la Grande Pierre, ou Pierre de la fée, est le menhir le plus colossal jamais dressé par l'homme. Mais le fut-il vraiment? Beaucoup se refusent à l'admettre, tant la chose paraît difficile à imaginer. Des téméraires auraient, par vanité, tenté d'ériger cette Babel néolithique, et ce ne serait pas le ciel qui leur serait tombé sur la tête, comme devaient le craindre plus tard les Gaulois, mais des tonnes de granite quartzeux à gros grains, en quatre blocs aux cassures vitreuses.

Pourtant, au siècle dernier, un éminent spécialiste, Philippe Salmon, faisait état d'un rapport dressé en 1659 par un lieutenant de l'amirauté et parlant de « la grande pierre de Locmariaker », que l'on apercevait du point d'un naufrage. Un dessin de la première moitié du XVIIIe siècle représente, en revanche, le menhir déjà brisé. Ce serait donc à la fin du XVIIe ou au début du XVIIIe siècle que l'énorme signal se serait effondré. En l'absence de témoignages contraires, nous pouvons donc penser que le Mané-er-Hroëc'h a contemplé, du haut de ses 21 m (sept étages!), les eaux de cette mer bien avant que les vaisseaux de la Compagnie des Indes fassent naître et prospérer Lorient, bien avant, même, que les bateaux vénètes et les galères romaines viennent s'affronter à son pied.

Chefs-d'œuvre au péril de la mer

Parmi toutes les buttes dont la submersion du golfe du Morbihan a fait des îles, l'une, *Gavrinis,* attire les amateurs de préhistoire venus des quatre coins du globe. Île du Géant *(Kawr-Inis)* ou de la Chèvre *(Gawr-Inis)?* C'est cette dernière traduction qui prévaut — peut-être à tort — le plus souvent. Quel que soit son nom, cet îlot de moins de 15 ha, couvert d'ajoncs et de fougères, contient l'un des plus beaux monuments préhistoriques du monde.

Au sommet d'un monticule, un cairn de 100 m de périmètre, haut de 8 m, abrite un dolmen à couloir de 13 m de long, l'un des plus étendus que l'on connaisse. Mais ses exceptionnelles dimensions n'entrent que pour une faible part dans l'intérêt que présente cette merveille du néolithique armoricain (IIIe millénaire av. J.-C.), dont 23 supports sont ornés des plus belles gravures de l'art mégalithique.

Mêlant courbes et spirales, triangles et sinusoïdes, celles-ci ont suscité bien des interprétations, les motifs représentés se situant à la limite de l'art abstrait. Telle figure représente pour certains des feuilles de fougère, pour d'autres, des serpents affrontés, et, le plus souvent, ni les uns ni les autres n'en tirent une conclusion significative. Comme dans bien des monuments du même type, certaines figures évoqueraient la déesse mère. Mais sur un point au moins tout le monde est d'accord : la valeur ornementale de ces motifs, considérés sous un angle purement artistique, fait du tumulus de Gavrinis l'une des merveilles du monde.

possèdent un chalet sous les pins, les moins fortunés y viennent en autobus se dorer sur la plage et se baigner dans la piscine d'eau de mer, ou simplement jouir de la vue. ■

Auray à l'ombre de sainte Anne

À l'endroit où le Loch prend le nom de rivière d'Auray pour aller se jeter, par un vaste estuaire aux rives verdoyantes, domaine des ostréiculteurs, dans le golfe du Morbihan, une petite ville ancienne, au charme un peu désuet, se repose de son passé agité.

Après avoir vu se dérouler, en 1364, la célèbre bataille qui mit fin à la guerre de la Succession de Bretagne par la défaite de Charles de Blois, vaincu par Jean de Montfort

→

▲ *Dans la ria d'Étel,*
le village de Saint-Cado
et la chaussée
qui le relie à son îlot.

À 300 m environ de Gavrinis, l'*îlot d'Er-Lannic* (ou de la « Petite-Lande ») offre encore aux regards quelques menhirs du double cromlech qui a été en partie noyé par la remontée du niveau marin. Des deux cercles de pierres qui se dressaient jadis côte à côte sur la terre ferme, comme un 8, l'un est désormais entièrement recouvert par les flots. Des 49 blocs du second, relevés en 1926 par Zacharie Le Rouzic, 14 sont partiellement immergés.

Depuis des milliers d'années, combien de merveilles préhistoriques ont-elles été englouties? L'océan s'est fait ainsi le complice de la fureur destructrice des ministres du culte chrétien, acharnés à faire disparaître ces témoignages dont la rusticité semblait pourtant destinée à défier le temps.

Au sud de la porte

Du côté de l'Atlantique, le golfe du Morbihan est fermé par le vaste bloc dénudé de la presqu'île de Rhuys. Entre les villas fleuries d'hortensias de *Port-Navalo,* figure de prou dont le promontoire couronné de pins constitue l'un des battants de la porte du golfe (l'autre étant la pointe de Kerpenhir, distante de 800 m), et l'étier de Kerboulico, à l'est, la côte océane se présente comme une succession de falaises de schiste et de plages de sable. Souvent ensoleillée, jouissant d'un climat d'une grande douceur et d'une végétation quasi méditerranéenne, elle est en cours d'aménagement touristique. De nouvelles stations voient actuellement le jour sur ce littoral qui convient si bien à la navigation de plaisance.

Au pied du tumulus de Thumiac, ou Butte de César, *Kerjouanno* dispose maintenant, à côté de sa plage, d'un port capable d'accueillir 1 500 plaisanciers. Après *Saint-Gildas-de-Rhuys,* vieille station familiale, l'immense plage de *Suscinio* est en train de s'équiper rapidement. Attrait supplémentaire : les ruines imposantes d'une résidence des ducs de Bretagne. Plantée au bord de la mer qui remplissait ses douves, fouettée par les embruns, la vieille forteresse bardée de grosses tours rondes est d'une austère grandeur.

Du saint au diable

À l'ouest de la presqu'île de Quiberon, la côte, plate, sableuse, éventée, semble déserte jusqu'à Port-Louis et à la ria de Lorient, à l'exception de quelques hameaux. Pourtant, les mêmes causes produisant toujours des effets comparables, elle recèle un estuaire de plus de 15 km de profondeur, la rivière d'Étel, qui imite, en plus petit, le golfe du Morbihan. Derrière le banc de sable qui « barre » son embouchure, le petit port thonier d'*Étel* peut, lui aussi, se vanter de posséder une mer intérieure, avec ses îlots et ses rivages découpés.

C'est dans ce monde clos, sur une île insignifiante, à 1 500 m du bourg de Belz, que s'est miraculeusement conservé le hameau de *Saint-Cado* où un ermite judicieux choisit, il y a quatorze siècles, de se retirer. D'origine anglaise, le moine Cado, empruntant un chemin rocailleux, curieusement baptisé depuis « la chaussée du Diable », gagna le refuge où, de nos jours, une trentaine d'habitations abritent d'heureux mortels qui, à l'écart des modernes invasions, ignorent l'agitation et le bruit. Est-ce pour cela que les sourds implorent saint Cado de les guérir? Pour accomplir ce miracle, il suffit, dit-on, d'appliquer l'oreille sur le trou du « lit de saint Cado », une pierre située dans la jolie chapelle romane édifiée par les Templiers. Là se déroule l'un des plus beaux pardons de la Bretagne.

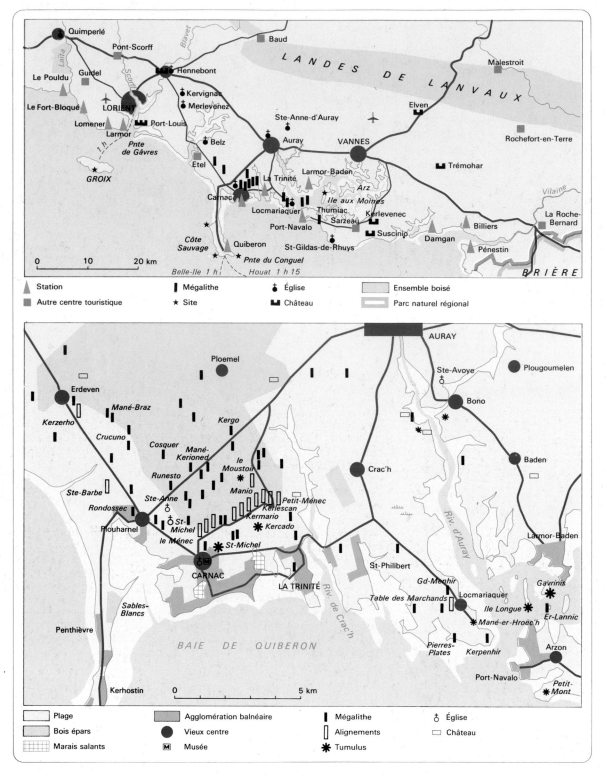

Station ▲ **Mégalithe** ▮ **Église** ⌖ **Ensemble boisé** ▪
Autre centre touristique ■ **Site** ★ **Château** ⌂ **Parc naturel régional** ▭

Plage ▭ **Agglomération balnéaire** ▪ **Mégalithe** ▮ **Église** ⌖
Bois épars ▪ **Vieux centre** ● **Alignements** ▯ **Château** ▭
Marais salants ▦ **Musée** Ⓜ **Tumulus** ✳

et les Anglais, après avoir, pendant les guerres de la Ligue, été investie successivement par les troupes royales, l'armée catholique et les Espagnols, Auray vit fusiller, durant les guerres de Vendée, des centaines de chouans et d'émigrés, et l'un de ses fils, Cadoudal, fut le chef le plus actif de la chouannerie bretonne.

Aujourd'hui, le château fort a disparu, le port a perdu son animation d'antan, mais la promenade du Loch et son belvédère offrent une belle vue sur la vallée, le vieux pont de pierre du XVIIe siècle enjambe toujours la rivière, et les maisons anciennes du quartier Saint-Goustan sont bien pittoresques.

Au nord de la ville, la chartreuse d'Auray, détruite par un incendie en 1968, a été reconstruite, et son église est un bel exemple d'art moderne. Au Champ des Martyrs, un mausolée rappelle le souvenir des 952 royalistes capturés à Quiberon et fusillés sur l'ordre de la Convention, en dépit de l'intercession du général Hoche.

À quelques kilomètres de là, un village de moins de 2 000 âmes, *Sainte-Anne-d'Auray*, est, depuis le XVIIe siècle, le plus important centre religieux de la Bretagne. Les pèlerinages s'y succèdent sans interruption du mois de mars au mois d'octobre, et les pardons de la Pentecôte et du 26 juillet (jour de la Sainte-Anne), par le nombre et la ferveur des participants, ainsi que par la variété des costumes régionaux, sont parmi les plus intéressants.

Cette dévotion à la mère de la Sainte Vierge remonte au 7 mars 1625. Ce jour-là, un cultivateur, Yves Nicolazic, déterra dans un champ, à l'endroit indiqué par sainte Anne, qui lui était déjà apparue à plusieurs reprises, une statue de la sainte. Les esprits forts, qui n'avaient pas voulu croire aux apparitions et s'étaient gaussés du pauvre Nicolazic, furent alors convaincus, et les offrandes affluèrent de toute part. L'église édifiée à l'époque a été remplacée, au XIXe siècle, par une basilique de style Renaissance. Le trésor abrite, avec les somptueuses offrandes faites à la sainte par les fidèles et l'arche contenant ce qui reste de la statue miraculeuse (elle fut brûlée sous la Révolution), de nombreux ex-voto, parfois fort pittoresques, notamment des tableaux naïfs et des maquettes de bateaux datant du XVIIe et du XVIIIe siècle. ■

Une bourgeoise opulente

Créée par Colbert pour accueillir les vaisseaux de la célèbre Compagnie des Indes, *Lorient* prit, au XVIIIe siècle, un essor qui fit rapidement d'elle la ville la plus peuplée du département, bien que cette bourgeoise demeurât hiérarchiquement soumise à Vannes, son aristocratique voisine. Transformée en port militaire par Napoléon, Lorient est restée un centre extrêmement actif : c'est à la fois un des ports de pêche les plus modernes de France et une grande base de sous-marins (édifiée par les Allemands). Les citoyens français sont — sur présentation de leurs papiers — admis à visiter certaines parties des installations de l'arsenal.

Durement meurtrie par la dernière guerre, la ville, pour panser ses blessures, a fait d'intéressantes tentatives d'architecture moderne. Le palais des Congrès (1967) et l'église Notre-Dame-des-Victoires (1956)

suscitent l'enthousiasme des uns, l'indignation des autres, mais ils ne laissent en tout cas personne indifférent.

Les environs ne manquent pas de ressources. En face de Lorient, *Port-Louis*, l'ancienne place forte de l'estuaire, regarde sa cadette qui a « réussi ». Envie-t-elle l'enfant prodige, son activité et son renom? Préfère-t-elle, au contraire, mener, au pied de sa vieille citadelle, une vie calme de retraitée satisfaite? Elle se contente d'abriter désormais un intéressant musée naval.

À l'autre extrémité de la ria, tout au fond de l'estuaire du Blavet qui en forme une des branches, *Hennebont* offre le charme de sa ville close, de ses remparts et de ses vieilles maisons, malheureusement très éprouvées par la dernière guerre.

Quant aux amateurs de plages, ils ont le choix, sur la côte océane, de Port-Louis à l'estuaire de la Laïta, entre *Larmor-Plage, Lomener* et *le Fort-Bloqué*, et ce ne sont pas les écoles de voile qui manquent.

les grands caps
du Finistère

Au sud-ouest de la Bretagne,
entre la baie de Douarnenez et celle d'Audierne,
la Cornouaille enfonce dans l'Océan un coin de granite,
longue presqu'île sauvage aux côtes découpées en dents de scie,
aux falaises escarpées,
battues par les vents, fouettées par les embruns :
le cap Sizun.

◀ *Sur le dernier des récifs*
qui prolongent la pointe du Raz,
une vigie isolée : le phare de la Vieille.

▲ *Couvertes de lande rase*
qu'aucun arbre n'égaie,
les pointes de Kastel-Meur
et de Brézellec (au fond),
vues de la pointe du Van.

◀ *Non loin de la baie*
des Trépassés,
à deux pas
des fureurs de l'Océan,
la vie s'écoule paisible
dans une campagne
à peine vallonnée.

Face au large, fendant la mer comme un vaisseau de haut bord,
le cap Sizun affronte les lames par une double étrave,
les pointes du Raz et du Van,
hautes proues jumelles,
rocheuses et déchiquetées, cernées de récifs écumants,
que sépare la baie des Trépassés.

▲ La silhouette
de la pointe du Raz
se profile derrière
la chapelle Saint-They,
à la pointe du Van.

◄◄ Des promontoires
sauvages animés
par les oiseaux de mer :
la réserve du cap Sizun.

◄ L'éperon de la pointe du Raz
et la baie des Trépassés,
de sinistre réputation,
vus de la pointe du Van.

Par exception ►
sablonneuse
et frangée de dunes,
la côte du Léon
à l'est de l'Aber-Wrach
(grève Saint Michel).

Au nord de la presqu'île de Crozon
et de la rade de Brest,
véritable mer intérieure,
le fertile Léon
présente à la Manche une côte sauvage,
semée d'écueils et de brisants.
Les abers cisaillent ce littoral
de longues balafres
à l'embouchure desquelles s'abritent
de petites embarcations.

▲ L'une des criques
qui festonnent la rade de Brest :
l'anse du Fret,
dans la presqu'île de Crozon.

◄ Aber-Ildut :
un étroit chenal
reste navigable
à marée basse.

Dans le port envasé
du Conquet,
« les p'tits bateaux
qui vont sur l'eau »
ont parfois
des jambes...

Port de pêche et de commerce, ▶
Roscoff accueille aussi
ceux pour qui naviguer
est une distraction.

▲ *Frangée de dunes,
la plage d'Audierne,
port de pêche situé
dans l'estuaire du Goyen.*

inistère en français ou *Pen ar Bed* en breton, cela signifie toujours «bout du monde». Il s'agit du «dernier parapet au-dessus de la mer inconnue, dans les turbulences et le ruissellement de l'eau universelle» (Y. Le Gallo), du promontoire de la Bretagne que la France avance comme une tête tendue vers le couchant, gueule béante où s'engouffre l'Océan. Le mufle, au nord, c'est le Léon, une contrée cisaillée par les longues balafres des abers, patrie des choux-fleurs et des artichauts. La mâchoire inférieure, au sud, c'est la Cornouaille, avec ses gros villages, ses ports de pêche et ses coiffes de dentelle. Et la langue trifide dardée vers le large, c'est l'étroite presqu'île de Crozon, qui sépare la rade de Brest de la baie de Douarnenez.

Le Finistère est le plus bretonnant des départements bretons. Entièrement situé en Basse-Bretagne, il ne fut jamais, contrairement aux Côtes-du-Nord et au Morbihan voisins, coupé en deux par la frontière linguistique. Il possède les sommets les plus hauts (le Tuchenn Gador ou Toussaines, le Roc'h Trévezel et le mont Saint-Michel-de-Brasparts dans les monts d'Arrée, l'orgueilleux Ménez-Hom, sentinelle isolée, détachée des Montagnes Noires), deux cathédrales (à Quimper et à Saint-Pol-de-Léon), le plus célèbre clocher (celui du Kreisker), la plus belle rade (celle de Brest), le plus grand port de pêche (Concarneau), la plus connue des écoles de voile (celle des Glénan) et les coiffes les plus hautes (celles des Bigouden). Et, surtout, il est baigné sur trois côtés par la mer, qui déferle inlassablement sur les plages de sable et les rochers déchiquetés de ses 600 km de côtes, depuis la pointe effilée de Locquirec, sur la Manche, jusqu'au port du Pouldu, sur l'Atlantique, à l'entrée de l'estuaire de la Laïta.

Sizun, le cap aux deux pointes

Au sud du Finistère, isolée du reste du département par la barrière des Montagnes Noires, la méridionale Cornouaille a une côte plus abritée, plus accueillante que celle du septentrional Léon. Aussi y trouve-t-on des villes et des ports et, parce que son climat est doux et que les flots de l'Atlantique sont moins froids que ceux de la Manche, de nombreuses stations balnéaires. On y trouve aussi deux grandes attractions touristiques, deux caps grandioses, battus par les vagues, fouettés par les embruns : Sizun et Penmarc'h.

Étiré d'est en ouest entre la baie de Douarnenez et celle d'Audierne, le cap Sizun est, comme l'a écrit Henri Queffélec, «une réserve de grandeur simple et sauvage». Des deux étraves jumelles qui fendent les flots à son extrémité, la plus connue, la plus spectaculaire, est la *pointe du Raz,* au sud. Haute de 72 m, elle se termine par un éperon aigu, déchiqueté, toujours frangé d'écume. En face, à 1 km au large, le phare de la Vieille se dresse sur un récif inaccessible, accompagné par la potence qui permet au bateau ravitailleur de faire parvenir des vivres aux gardiens... et de procéder à leur relève. Au-delà, c'est le Raz de Sein aux terribles courants, l'île de Sein étalée à fleur d'eau, et puis, à l'horizon, si loin qu'on ne le voit que par temps clair, le phare d'Ar Men, dernière présence humaine au seuil du grand large.

Au nord, un ancien estuaire ensablé, précédé de marécages, sépare la pointe du Raz de celle du Van : la *baie des Trépassés.* Le nom funèbre de cette crique s'accorde bien à son aspect surnaturel. Lui a-t-il été donné, comme le veut la légende, parce que les barques qui, la nuit, emmènent les âmes des défunts viennent accoster sur cette grève? Ou parce que les vagues rendent à la terre, entre flux et jusant, les corps des malheureux naufragés? La véritable raison est probablement moins romantique. Cet endroit s'appelait autrefois *Bae an Aod,* «baie du Ruisseau». *An Aod* se transforma en *Anaon,* et la baie, devenue *Bae an Anaon,* évoqua désormais les «âmes des défunts». Les amateurs de noms pittoresques ne s'en plaindront pas.

Moins grandiose, mais mieux préservée que la pointe du Raz, la *pointe du Van,* haute de 65 m, est solitaire et sauvage. En haut, dans la lande rase, une croix de pierre, la fontaine Morgane et la vieille chapelle Saint-They montent la garde face à la mer d'Iroise, sous la protection conjuguée du Christ, d'une fée et d'un saint gallois, tandis que, au pied de la falaise, les flots écument sur les brisants.

On peut aborder le cap Sizun par la route du nord qui aboutit à la pointe du Van en passant, au prix de quelques détours, par la *réserve du cap Sizun,* où tous les oiseaux de la mer semblent s'être donné rendez-vous, et par la *pointe de Brézellec,* d'où le regard embrasse toute la baie de Douarnenez. On peut, au contraire, emprunter la route du sud pour arriver directement à la pointe du Raz, en passant par Audierne et la jolie chapelle, mi-flamboyante, mi-Renaissance, de Saint-Tugen. Dans les deux cas, il ne faut pas se faire d'illusions : ici, plus encore qu'ailleurs, la mer ne se révèle qu'avec parcimonie aux visiteurs trop pressés. Ceux qui se refusent à n'apercevoir l'Océan que par de rares brèches devront parcourir, sans tenir compte de l'effort et de la distance, les sentiers de douaniers, dont certains passages sont vertigineux et qui requièrent de la prudence ou l'aide d'un guide local. Ils pourront admirer alors les jeux des couleurs et de la lumière, lorsqu'ils donnent l'illusion que l'Océan envahit la Manche, ou que cette dernière submerge l'Atlantique. Ils verront les rochers transformés en hommes, en animaux ou en monstres par les caprices de l'ombre et de l'érosion; ils frémiront au bord du gouffre de l'Enfer de Plogoff, et ils égrèneront des yeux le chapelet des Gorlés qui, jadis, unissaient le Raz à l'île de Sein.

Au fil de l'Odet

À Quimper, l'Odet, frontière orientale du pays Bigouden, est une rivière très policée, qui s'écoule sagement entre des quais plantés de beaux arbres et qu'enjambent ponts et passerelles. Mais, dès la sortie de la ville, commence l'estuaire, long de 16 km. Son parcours sinueux, encaissé entre des rives boisées d'où jaillissent châteaux et manoirs, est sillonné, pour la plus grande joie des amateurs de sites pittoresques, par un service régulier de vedettes.

Les dernières maisons de Locmaria ont à peine disparu que surgissent les deux premiers châteaux : Poulguinan, avec son donjon, qui appartint peut-être à Gradlon, le légendaire roi d'Ys, et Lanniron, où les évêques de Quimper venaient se reposer des fatigues de leur charge. Après le petit port pétrolier du Corniguel, l'estuaire s'élargit : c'est la baie de Kerogan, qui ressemble à un lac aux berges verdoyantes et que dominent les manoirs de Keraval et de Kerdour. Au pied du château de Lanroz, dont la marquise de Sévigné fut la châtelaine, les rives se rapprochent brusquement. Laissant sur la gauche un bras mort qui conduit à l'anse de Toulven, où les faïenciers de Quimper viennent s'approvisionner en terre glaise, l'Odet serpente entre des collines où des rochers se mêlent aux arbres. Au Saut-de-la-Pucelle, ces rochers enserrent si bien la rivière qu'une flotte espagnole préféra rebrousser chemin plutôt que de franchir le pas : ce site, verrouillé par deux méandres accusés, s'appelle le Vire-

▲ Au Vire-Court,
les rives boisées de l'Odet
se resserrent si bien
que la rivière semble s'arrêter là.

Au long du quai de Port-Rhu,
les blanches maisons et
la flèche de l'église de Douarnenez,
▼ un des grands ports de pêche bretons.

Douarnenez, la reine déchue

Douarnenez s'étage en gradins dans l'estuaire de Pouldavid. Vers l'ouest, passé la pointe de Leydé, s'étend la côte rectiligne et crénelée du cap Sizun. Au nord se déploie en arc de cercle la grève dénudée où se niche Sainte-Anne-la-Palud. Aves ses quais animés et ses ruelles en pente qui sinuent entre le plateau et la mer, Douarnenez est un port actif. Pourtant, sa situation n'est plus ce qu'elle était. Autrefois capitale de la Cornouaille, elle était aussi celle de la sardine. Mais Quimper est devenue préfecture, les sardines qui venaient périodiquement envahir la baie se font de plus en plus rares, et Douarnenez n'est plus que le sixième port de pêche français. Ses pêcheurs se sont reconvertis et vont maintenant chercher au loin thons et crustacés. Toutefois, si les inscrits maritimes, qui étaient 5 000 entre les deux guerres, ne sont plus qu'un millier, le perfectionnement des méthodes de pêche a déjà amorcé un redressement de la situation économique.

Et puis la pêche n'est pas tout. La ville est devenue station balnéaire, grâce aux plages que lui ont apportées en dot les communes voisines, avec lesquelles elle a fusionné. Ploaré lui a donné l'immense grève sablonneuse du Ris, tandis que Tréboul, de l'autre côté de l'estuaire, fournissait, en plus des plages de Saint-Jean et des Sables-Blancs, un port de plaisance et deux écoles de voile. Ajoutez-y l'équitation, la plongée sous-marine, la pêche sous toutes ses formes, un centre de thalassothérapie, le *Mouez ar Mor* (un festival d'art

▲ *Les Bigouden d'âge mûr portent
encore couramment
leur haute coiffe verticale.*

Court. Voici la fontaine des Espagnols, où l'ennemi se désaltéra avant de battre en retraite, et la Chaise-de-l'Évêque, façonnée par les anges à l'intention d'un prélat quimpérois amateur de solitude.

Et encore des châteaux, modernes ou anciens, mais toujours décoratifs : Kerambleïz, qui n'a de gothique que le style, et Rossulien, du XVIIIᵉ siècle. Après les ruines de la chapelle gothique de Sainte-Barbe, drapées dans un manteau de lierre, l'estuaire reprend ses aises. Dans le parc du château (moderne) de Perennou, des vestiges de bains romains prouvent que le site est apprécié depuis longtemps. Sur la droite, en face du joli manoir de Lanhuron, un nouveau bras mort conduit à l'anse de Penfoul, qui abrite le château de Lestrémeur et les ruines d'une église et d'un

manoir du XVIᵉ siècle. La mer est proche. Les rives s'écartent de plus en plus, on passe sous un pont et on débouche sur l'Océan entre le port de pêche de *Sainte-Marine,* sur la rive droite, et Bénodet, sur la rive gauche.

Perle de la «côte de Plaisance», *Bénodet* possède tous les atouts d'une station balnéaire en vogue : site bien abrité, cadre verdoyant, port de plaisance parfaitement aménagé, plages de sable fin, exposition en plein midi... et les vedettes qui viennent de Quimper continuent jusqu'aux îles Glénan, ce qui permet de belles excursions. Vers l'est, une lagune de 4 km, la mer Blanche, isolée de l'Océan par une mince bande de sable, sépare Bénodet de la *pointe de Mousterlin,* rocheuse et plate. Au-delà de la pointe, qui sert ainsi de point

populaire breton qui culmine le 3ᵉ dimanche de juillet), le *Noz Breiz Kanaouennou* (spectacle folklorique nocturne, au début du mois d'août), la fête «Voile et folklore» (2ᵉ dimanche d'août), des régates, des jeux de plage, des tennis, des promenades en mer, et vous comprendrez que l'avenir touristique de Douarnenez se présente bien.

Voyage en pays Bigouden

Au sud de la Cornouaille, pendant comme une barbiche sous la mâchoire du cap Sizun, le pays Bigouden s'étend de la côte plate de la baie d'Audierne à l'estuaire de l'Odet. En tout, deux cantons et vingt-quatre communes, peuplés par un groupe ethnique distinct, sur les origines duquel on se perd en conjectures. On a vu en eux les survivants de l'Atlantide, mais on les a aussi fait venir du lac Baïkal, de Phénicie et de Mongolie. Aucune de ces hypothèses n'a réussi à s'imposer. On n'est même pas d'accord sur le nom. Pour les uns, un peu rêveurs, il vient des bigorneaux — *bigouled* en breton — que les femmes de Penmarc'h allaient vendre à Quimper, ou dérive de la coiffe bien connue des femmes, la *giz bigouden, begou* signifiant «pointes», et *den,* «personne». Pour d'autres, plus prosaïques, il désigne des «gens de la pointe» — celle de Penmarc'h, bien sûr.

Parmi les deux douzaines d'agglomérations du pays Bigouden, il en est de privilégiées, celles qui donnent à cette petite patrie son unité et une grande part de ses ressources : les ports. À eux tous, ils pêchent aujourd'hui plus que Douarnenez.

À la limite occidentale du pays Bigouden, dans l'estuaire du Goyen, au pied d'une colline plantée de pins, *Audierne* a une flottille de thoniers qui vont chercher le germon (thon blanc) au large du Portugal et des Açores; mais, comme la plupart des ports bigouden, elle se consacre surtout à la capture et à l'élevage des crustacés. Pour le visiteur, c'est l'occasion d'une intéressante promenade aux grands viviers où homards, tourteaux et langoustes barbotent dans de grands bassins d'eau de mer.

Audierne a aussi une plage, au sud de l'agglomération. Sa situation en fait surtout une base de départ pour les excursions vers la pointe du Raz et un point d'embarquement pour le prolongement marin de celle-ci, l'île de Sein. Si l'appel du large n'est pas assez fort pour vous faire prendre le bateau, tournez-vous vers l'intérieur des terres. Au fond de l'estuaire, vous trouverez, dans la vieille et charmante cité de *Pont-Croix,* le clocher gothique qui a servi de modèle aux flèches de la cathédrale de Quimper.

Au sud-est du Goyen s'étend, à perte de vue, une grève sablonneuse et déserte, frangée de récifs, sur laquelle les femmes venaient autrefois ramasser le goémon, qui sert d'engrais et que l'on

brûle pour en tirer de la soude. Tout au bout, passé le beau calvaire isolé de Notre-Dame-de-Tronoën, une péninsule rectangulaire, basse et nue, aux champs piquetés de maisons blanches, termine l'arc très ouvert de la baie d'Audierne par le joli port de *Saint-Guénolé :* l'ancien Cap-Caval (Tête-de-Cheval), devenu plus breton encore en prenant le nom de Penmarc'h, qui signifie la même chose.

Il y a quatre ou cinq siècles, la presqu'île de Penmarc'h était un des pays les plus riches de Bretagne. Cette prospérité venait des morues que les marins de ses ports pêchaient à profusion. Le ciel a-t-il vu d'un mauvais œil que l'opulence d'une poignée d'hommes soit bâtie sur ce qu'on appelait, en langage de chrétiens, la «viande de carême»? Les morues, en tout cas, désertèrent nos côtes. La découverte, par les Paimpolais, de Terre-Neuve et de ses bancs de pêche porta un coup très dur à la presqu'île, et les ravages de Fontenelle, un affreux bandit du XVIᵉ siècle qui avait son repaire à Douarnenez, achevèrent de la ruiner. De sa splendeur passée, il lui reste l'église Saint-Nonna, l'un des plus beaux exemples bretons du style gothique flamboyant.

La pointe du Penmarc'h ne domine pas les flots comme celles du Raz et du Van, mais elle compense sa platitude en portant à 65 m de hauteur une des plus puissantes torchères de France : le phare d'Eckmühl, dont la plate-forme offre un immense panorama marin, allant de l'île de Sein aux Glénan; c'est à la générosité de la marquise de Blocqueville, qui le fit élever à la mémoire de son père, le maréchal Davout, prince d'Eckmühl, que ce phare du pays Bigouden doit de porter le nom d'un village de Bavière. Non loin de là, toute seule sur la grève, une chapelle gothique, Notre-Dame-de-la-Joie-au-Péril-de-la-Mer, attend le pardon des Pêcheurs qui, le 15 août, l'emplit des plus beaux costumes du pays Bigouden.

Deux capitales, Pont-l'Abbé et Quimper

À l'est de la presqu'île de Penmarc'h, sur la côte plate, bordée de dunes, les ports se nichent dans les estuaires : *Guilvinec,* dont les jetées abritent presque autant d'embarcations de plaisance que de bateaux de pêche; *Lesconil,* spécialisée dans les langoustines; *Loctudy,* à l'embouchure de la rivière de Pont-l'Abbé, qui possède l'église romane la mieux conservée de toute la Bretagne et un beau château, le manoir de Kerazan qui, après avoir abrité une école de broderie, est devenu un musée de peinture moderne.

Au fond de l'estuaire de sa rivière, si large qu'il forme une véritable baie, *Pont-l'Abbé,* capitale du pays Bigouden, est une petite ville active, où beaucoup de femmes portent encore la célèbre coiffe verticale en forme de menhir. La cité semble tirer son origine d'un

d'appui à deux interminables cordons sableux, la plage se poursuit sans discontinuer jusqu'à une petite station balnéaire fleurie, ombragée de pins, bordée de dunes : *Beg-Meil*, qui, sur la baie de la Forêt, fait face à *Concarneau*, à son port de pêche et à sa ville close. Au fond de la baie, le bourg de *Fouesnant* est renommé pour la qualité de son cidre et la beauté de la coiffe de ses femmes, qui s'accompagne d'une grande collerette plissée, tandis que *La Forêt-Fouesnant* est devenue, grâce à son port de plaisance, un centre de villégiature. ■

Quimperlé, « baiser de la Cornouaille »

Ancienne sous-préfecture du Finistère, Quimperlé est située au confluent de l'Ellé et de l'Isole, au fond de la longue ria de la Laïta. La ville s'est développée autour d'une abbaye bénédictine fondée au XIe siècle à l'emplacement d'un ermitage, dans une région si fraîche et si verdoyante qu'on l'a surnommée « l'Arcadie de la Bretagne ». Alliée aux Anglais lors de la guerre de Succession, ravagée par du Guesclin, pillée par les Royaux à l'époque de la Ligue, privée de ses remparts au XVIIe siècle par ses propres habitants, Quimperlé a néanmoins gardé son pittoresque cachet ancien.

C'est dans la ville basse, entre l'Isole et l'Ellé, que se trouvait l'abbaye de Sainte-Croix. Les bâtiments actuels, groupés autour d'un cloître, datent du XVIIe siècle; ils abritent des services administratifs. L'église Sainte-Croix,

▲ *La forme circulaire de l'église Sainte-Croix de Quimperlé est inspirée du Saint-Sépulcre de Jérusalem.*

Coupé de ponts et de multiples passerelles, l'Odet traverse Quimper
▼ *de bout en bout.*

pont que le prieur de l'abbaye de Loctudy aurait fait construire, il y a plus de mille ans. Une visite à l'église gothique Notre-Dame-des-Carmes, fondée au XIVe siècle, peut constituer le départ d'une promenade au Bois-Saint-Laurent, le long des quais et même jusqu'à la pauvre chapelle du Lambour, décapitée par ordre de Louis XIV pour cause d'insubordination de ses fidèles.

Son titre de « capitale » obligeait évidemment Pont-l'Abbé à se faire la gardienne d'un certain héritage, et le Musée bigouden nous le rappelle fort agréablement. Installé sur quatre niveaux dans une grosse tour ronde du XVe siècle, il résume l'histoire d'un peuple et rassemble des spécimens de son art. Aujourd'hui, la ville se consacre surtout à la broderie et aux dentelles, mais aussi aux meubles et aux objets d'art. Enfin, depuis que les continentaux ont découvert les charmes marins du littoral bigouden, on a vu apparaître des chantiers navals pour les flottilles de l'armada plaisancière.

Au nord de Pont-l'Abbé, au confluent (*kemper* en breton) du Steïr et de l'Odet, frontière orientale du pays Bigouden, *Quimper*, ancienne capitale du comté de Cornouaille et préfecture du département, a gardé, malgré d'inévitables modernisations, tout son caractère breton; mais c'est une ville de l'intérieur, et l'Odet, au pied de ses quais ombragés, tient plus du canal que de la mer... Sa belle cathédrale gothique, ses vieilles rues, ses maisons anciennes, ses musées et sa situation en font une ville attachante et un parfait centre d'excursions, tant vers le littoral que vers les « montagnes » de l'intérieur. Aux environs, on visite le *Stangala*, un pittoresque défilé où l'Odet s'insinue entre des hauteurs boisées; la chapelle gothique de *Kerdévot* et son beau retable flamand; celle de *Quilinen* et son calvaire en forme de pyramide; celle de *Saint-Vennec*, blottie dans la verdure avec son calvaire et sa fontaine; celle de *Kerfeunteun* et son vitrail du XVIe siècle, représentant un arbre de Jessé; et on revient en ville par le quartier de *Locmaria* et son église romane, dont le pardon (15 août) n'a pas la couleur locale des grandes fêtes de Cornouaille qui, chaque année, le 4e dimanche de juillet, attirent à Quimper tous les groupes folkloriques de Bretagne. C'est également à Locmaria que se trouvent les trois faïenceries (on visite) dont la vaisselle et les sujets bretons alimentent toutes les boutiques de souvenirs d'Armorique.

Saint-Mathieu : un crâne pour un cap

Si la pointe du Raz est la proue de la Cornouaille, la pointe de Saint-Mathieu, de l'autre côté de la mer d'Iroise, est celle du Léon, la plus septentrionale des péninsules que la Bretagne pousse vers l'Occident. C'est le début de la « côte des Légendes », un littoral rude, rocheux, festonné de récifs et incisé par les abers.

ancienne abbatiale, fut reconstruite, dans sa quasi-totalité, à la fin du XIXᵉ siècle, car elle s'était effondrée; mais l'architecte l'a rétablie telle qu'elle était lors de sa construction, à la fin du XIᵉ siècle. De style roman, c'est une rotonde inspirée du Saint-Sépulcre de Jérusalem, avec une abside, deux absidioles et un porche formant croix grecque. L'abside et la crypte, seules parties non restaurées de l'édifice, sont de toute beauté. À côté de l'église, de vieilles maisons à encorbellement, les ruines de Saint-Colomban, ancienne paroisse, et un bel escalier Renaissance jalonnent la rue de Brémont-d'Ars.

Dans la ville haute, sur la rive droite de l'Isole, l'église Notre-Dame-et-Saint-Michel est gothique; la grosse tour carrée qui surmonte le chœur appartient au style flamboyant, avec ses balustrades ajourées, tout comme le porche nord, richement ornementé.

En amont de Quimperlé, sur l'Ellé, un impressionnant chaos de rocs énormes, dits «rochers du Diable», domine la rivière dans un site agréablement boisé. En aval, la Laïta longe la forêt de Carnoët, dont les futaies de chênes et de hêtres escaladent sa rive droite et s'étendent sur 750 ha. Elle passe au pied du promontoire dit «rocher Royal» et des ruines du château de Carnoët, repaire du terrible Commore, le Barbe-Bleue breton qui égorgea cinq épouses et décapita son fils; mais ce dernier, qui n'était autre que saint Trémeur, ramassa sa tête, la mit sous son bras et lança un peu de terre sur le château, qui s'écroula sur son affreux châtelain. Après la forêt, la Laïta s'élargit, devient estuaire, passe sous le pont de *Saint-Maurice*, dont l'ancienne abbaye (XIIIᵉ siècle), réduite à sa salle capitulaire et devenue propriété privée, n'est ouverte au public qu'une fois l'an, le lundi de la Pentecôte, pour le pardon.

À l'embouchure de la Laïta, *Le Pouldu* unit les charmes de la campagne aux attraits d'une station balnéaire. C'est dans ce cadre agreste que Gauguin et ses disciples s'établirent en quittant Pont-Aven, de 1889 à 1894. La chapelle Notre-Dame-de-la-Paix (XVᵉ-XVIIᵉ s.) a suivi le même chemin. Jusqu'en 1959, elle se trouvait à Nizon, près de Pont-Aven. Transportée pierre par pierre, rebâtie à côté d'un vieux calvaire, dotée de vitraux modernes, elle tient maintenant compagnie au mémorial dédié à Gauguin et aux artistes de l'école de Pont-Aven. ■

▲ *Un col de dentelle empesée, relevé sur la nuque, complète la coiffe de Quimper.*

Un sémaphore, un phare, une abbaye en ruine et une chapelle se partagent le promontoire rocheux ▼ *de la pointe de Saint-Mathieu.*

Premier cap de cette côte, la pointe de Saint-Mathieu est aussi l'objet de la première légende. Au VIᵉ siècle, des marins léonards revenaient au pays, rapportant — d'Égypte pour les uns, d'Abyssinie pour les autres — un trésor inestimable : le crâne de l'évangéliste saint Matthieu. En vue de la terre, leur navire heurta un récif. Tout autre eût sombré, mais il portait une relique, et l'écueil s'ouvrit pour le laisser passer. Pour célébrer ce miracle, saint Tanguy, abbé du Relecq, décida d'édifier un monastère sur le cap du Bout-du-Monde. Pour le soustraire à la fureur des flots, des vents et des pirates, il choisit un emplacement abrité, à quelque distance de la mer. Mais, chaque nuit, le travail du jour était mystérieusement transporté à l'endroit du rivage où les matelots avaient débarqué la relique. Saint Matthieu faisait lui-même son choix : il fut obéi. L'abbaye est aujourd'hui démantelée, mais le cap Pen ar Bed s'appelle toujours pointe de Saint-Mathieu.

Sur la longue plate-forme balayée par les vents, giflée par les embruns malgré les 30 m de hauteur de sa falaise, la Révolution n'a laissé subsister du monastère que les ruines émouvantes d'une église gothique dont la porte trilobée donne sur une terrasse portant un sémaphore. Un phare à feu tournant a été bâti près du chevet. Il domine la mer de 56 m, et sa portée est de 60 km. De sa galerie, on découvre le goulet de Brest, la presqu'île de Camaret, les Tas-de-Pois, le cap de la Chèvre, souvent même l'île d'Ouessant et, de l'autre côté de la baie de Douarnenez, le Raz et l'île de Sein.

▲ *Avec son gorgerin et sa collerette,*
la coiffe de Fouesnant
est une des plus gracieuses
de la Bretagne.

Le renouveau des cercles celtiques et des fêtes bretonnes a fait sortir les coiffes des armoires. On les a redécouvertes comme un trésor oublié et, si leur avenir n'est guère assuré, leur déclin s'est ralenti.

Il n'existe pas autant de coiffes que de paroisses, mais il est presque toujours possible, par un détail de finition ou d'ornement, de déterminer jusqu'au hameau d'origine de la femme qui porte la *plougastellen* à la trompeuse simplicité, la *kornek* (cornette) de Baud ou la *touken* (touque, à cause de sa forme) de Tréguier.

La plus connue est sûrement la *giz bigouden*, la coiffe en forme de menhir du pays Bigouden. Presque horizontale jusqu'en 1900, elle s'est redressée progressivement, a dépassé toutes les autres, et atteint aujourd'hui 32 cm. Curieux paradoxe pour la coiffure d'un pays où le vent est roi.

Pierre Jakez Hélias, né au bourg de Pouldreuzic, sur la baie d'Audierne, la connaît fort bien, car il voyait chaque jour sa mère apprêter et coiffer cet échafaudage de dentelles, et il l'a décrite avec beaucoup de précision dans *le Cheval d'orgueil :*

« Elle se compose d'une gouttière de dentelle fermée à sa partie supérieure et établie, à l'aide d'un peigne courbe et d'un velours, sur les cheveux relevés par-dessus un bonnet *(koef-bleo);* d'une pièce de dentelle qui la ferme à l'arrière *(an daleden);* enfin de deux rubans de dentelle très larges qui viennent se nouer sous l'oreille gauche. » ■

Au nord de la pointe de Saint-Mathieu, une belle route en corniche conduit au *Conquet,* petit port de pêche devenu station balnéaire pour l'agrément des Brestois voisins. On s'y baigne, on y déguste homards et langoustes, on peut s'y embarquer pour Ouessant, on s'y recueille devant les huit maisons anciennes rescapées du terrible incendie allumé en 1558 par les Anglais, et on s'y promène sur la longue et mince presqu'île rocheuse de Kermorvan, jusqu'au phare, d'où l'on aperçoit, au nord, la *pointe de Corsen,* le point le plus occidental de notre littoral, le seul que sa longitude autorise à se prévaloir du titre envié de « Pen ar Bed ». Au-delà, il n'y a plus que des îles...

Au pays des abers

En breton, *aber* signifie « estuaire », mais le terme n'est plus employé que pour la côte nord-ouest du Finistère, et il a pris un sens particulier. Contrairement aux « rivières » bretonnes qui, comme celles de Morlaix ou de Tréguier sur la côte nord, d'Étel ou de Vannes sur la côte sud, possèdent une auge profonde dans laquelle les bateaux naviguent à l'aise à marée haute, l'aber est encombré de marais herbus. Le ruisseau minuscule dont il est l'embouchure y serpente à marée basse en un étroit ruban, et la marée haute ne recouvre les fonds que d'une pellicule d'eau. Il y a trois abers principaux, de plus en plus grands lorsqu'on remonte vers le nord.

Étant le plus méridional, l'*Aber-Ildut* est le plus court. Il est situé sur le territoire de la commune de Lanildut, qui fournit l'un des plus beaux granites de Bretagne, celui dans lequel est taillé le socle de l'obélisque de la place de la Concorde, à Paris. C'est le point de la côte le plus proche d'Ouessant (moins de 20 km), et la ligne imaginaire qui joint le rocher du Crapaud, sur la rive droite de l'estuaire, au centre de l'île sépare la Manche de l'Atlantique.

L'*Aber-Benoît* (c'est-à-dire « béni ») a 7 km de profondeur. Quant à l'*Aber-Wrach,* le plus grand (10 km), dont le nom signifie « estuaire de la Sorcière », c'est le plus beau et le plus connu. Son site et son étendue lui ont permis de devenir un centre balnéaire et plaisancier. Une école de voile s'est même installée dans la baie qui le termine, mais il est préférable que les voiliers ne s'aventurent pas en mer, car la côte est hérissée de brisants.

Les « Johnnies » de Roscoff

À l'est de l'Aber-Wrach, sur la côte septentrionale, le chemin des dunes traverse champs de goémon, marécages et curieuses prairies parsemées de rochers auxquels les maisons s'adossent pour se

Asséché à marée basse,
l'Aber-Wrach prend,
à marée haute,
▼ *l'aspect trompeur d'un bras de mer.*

L'école de Pont-Aven

« Pont-Aven, ville de renom, quatorze moulins, quinze maisons. »

Les proportions ont bien changé aujourd'hui, mais le dicton est resté. Bâtie au fond de l'estuaire de l'Aven, la petite rivière qui, jadis, faisait tourner ses moulins, Pont-Aven a cessé d'être la « ville des meuniers » pour devenir un petit port de mer, accessible à marée haute. Mais, pour les amateurs de peinture, c'est surtout la ville où naquit l'« école de Pont-Aven » qui, à la fin du XIXᵉ siècle, révolutionna l'histoire de l'art en soutenant, contrairement à toutes les doctrines admises, que le but de la peinture n'était pas de représenter le monde extérieur, mais d'exprimer les sentiments personnels de l'artiste.

Le chef de cette école fut un

Un des vieux moulins de Pont-Aven, qui en comptait jadis presque autant que de maisons.

vagabond de génie, qui passa sa vie à bourlinguer sur toutes les mers du monde : Paul Gauguin (1848-1903). En 1886, entouré de jeunes artistes pour lesquels il était « le maître », il arriva à Pont-Aven, où, depuis 1870, vivait une colonie de peintres, pour la plupart scandinaves ou anglo-saxons. Les artistes académiques fréquentaient surtout l'hôtel Julia. Gauguin et ses amis lui préférèrent l'auberge Gloannec, meilleur marché, où ils séjournèrent à plusieurs reprises jusqu'en 1889 (ils émigrèrent alors au Pouldu).

Le charme de la capricieuse Aven qui se faufile entre des rochers, du bois d'Amour qui escalade la colline, des moulins qui tournaient encore fit naître, chez les artistes de l'école de Pont-Aven, un véritable mysticisme. Sérusier s'adonna à la théosophie; Verkade se fit moine; Ballin se

Au fond de l'estuaire, entre deux falaises abruptes, une cité ancienne qu'enjambe ▼ un énorme viaduc : Morlaix.

protéger du vent. Après l'anse de sable blanc de *Brignogan-Plage,* *Goulven* offre aux amateurs d'architecture son intéressante église, dont le clocher-porche du XVIᵉ siècle unit le gothique (clocher) et la Renaissance (porche).

À l'entrée de la baie de Morlaix, *Roscoff,* port de pêche et de plaisance, station balnéaire, centre de thalassothérapie, est la porte maritime d'une fertile région de cultures maraîchères et se consacre surtout à l'exportation, vers l'Angleterre, des primeurs dont sa campagne est prodigue. Pour assurer la diffusion des choux-fleurs, des artichauts et des oignons embarqués par pleins cargos, des Roscovites particulièrement dynamiques, les « Johnnies », vont passer la moitié de l'année en Grande-Bretagne.

Juste retour des choses, c'est d'Angleterre que vint le retable d'albâtre du XVᵉ siècle qui fait l'orgueil de l'église, avec le magnifique clocher Renaissance. Les poissons de l'aquarium, eux, viennent de la Manche, et le bassin des roussettes et des murènes fait courir un petit

frisson dans le dos des estivants. Mais le figuier du couvent des capucins, planté en 1621 et dont les branches couvrent quelque 600 m², rappelle à temps la douceur du ciel...

Bourdonnante d'activité, centre commercial de la région des primeurs, Saint-Pol-de-Léon possède deux des plus beaux édifices religieux de la Bretagne : l'ancienne cathédrale, un chef-d'œuvre d'élégance construit dans le style gothique normand, et le clocher à jour de la chapelle du Kreisker, haut de 77 m, souvent copié, avec sa flèche de pierre et ses quatre clochetons d'angle, mais jamais égalé.

En passant sous le viaduc de Morlaix

À l'est de Saint-Pol-de-Léon, *Carantec,* élégante villégiature familiale, sert de plage à Morlaix. Ses luxueuses villas s'éparpillent parmi les pins de la pointe de Pen-al-Lann, à l'entrée du large estuaire du Dossen, plus connu sous le nom de « rivière de Morlaix », que la mer emplit à pleins bords deux fois par jour. On est loin de la côte des abers et, à marée haute, des bateaux de fort tonnage remontent les 12 km de ce couloir marin jusqu'au centre de la ville.

Édifiée sur les versants d'une vallée encaissée que le chemin de fer franchit sur un énorme viaduc, *Morlaix,* qui existait déjà sous l'occupation romaine, fut longtemps, grâce à son commerce et à son port, la cité la plus importante de la Basse-Bretagne. Elle ne fut supplantée par Brest que sous Louis XIV, et elle a conservé de nombreux souvenirs du temps de sa splendeur. Les vieilles demeures aux façades sculptées, les échoppes moyenâgeuses, l'église gothique Saint-Melaine et les ruelles qui grimpent à l'assaut de la colline composent un ensemble très pittoresque. C'est aussi un centre d'excursions vers la région des enclos paroissiaux et vers les monts d'Arrée, au pied desquels *Plougonven* dresse son remarquable calvaire.

Face à Roscoff, de l'autre côté de la baie de Morlaix, la *pointe de Primel* plonge dans les flots son chaos d'énormes rochers roses. Au-delà, la côte, sauvage, déchiquetée, est impraticable jusqu'à *Locquirec,* dernier port de pêche et de plaisance du Finistère.

La presqu'île de Crozon, branche centrale du trident

« Cette pointe, tourmentée et découpée à miracle, dessine le croc central de ce trident de roches planté en plein flanc de l'Océan, comme si la nature avait voulu dresser à sa façon une image symbolique de l'arme que, dans les mythologies, brandit le vieux Poséidon-Neptune. »

convertit au catholicisme; un jeune disciple de Gauguin, Maurice Denis, devint l'un des chefs de file de l'art sacré en Europe. Pont-Aven fut le berceau du renouveau de l'art religieux comme il fut celui du fauvisme.

Un de ceux qui exercèrent une influence décisive sur l'école de Pont-Aven, Émile Bernard (1868-1941), ami intime de Gauguin, de Van Gogh et de Cézanne, renia pourtant ce qu'il avait adoré et consacra la fin de sa vie à glorifier les peintres de la Renaissance.

Celui qui repose, depuis 1925, au cimetière du lieu et dont la statue se dresse sur le port n'est pas un membre de l'illustre école, mais peut-être est-il plus connu des amateurs de folklore breton : le chansonnier Théodore Botrel, « barde du XXᵉ siècle », auteur de la

célèbre *Paimpolaise* et de l'inoubliable *Lilas blanc*, fut le créateur de la fête des Fleurs d'ajonc, qui se déroule à Pont-Aven le 1ᵉʳ dimanche d'août.

Aux environs de la ville, le Christ en bois du XVIᵉ siècle de la chapelle de Trémalo servit de modèle au *Christ jaune* de Gauguin, et le calvaire roman de Nizon à son *Christ vert*. À l'est, Riec-sur-Belon tire de sa rivière des huîtres plates réputées. Le long de l'estuaire, au-delà des étranges rochers taillés dits « tombeaux des Géants » et du château du Hénan (XVᵉ-XVIᵉ s.), avec sa tour hexagonale, le petit port de Kerdruc et le hameau de Kerascoët ont de jolies maisons à toit de chaume, tandis que Port-Manec'h, à l'embouchure, dans un site boisé très pittoresque, est une agréable station balnéaire. ■

▲ *Seul souvenir du passé d'une ville détruite par la guerre : le château de Brest.*

Devant la pointe de Pen-Hir, les trois rochers des Tas-de-Pois s'avancent l'un derrière l'autre ▼ *vers le large.*

La pointe que décrit avec d'emphatiques accents Georges G. Toudouze, c'est la presqu'île de Crozon, ce promontoire en forme de croix, planté entre les péninsules jumelles de la Cornouaille et du Léon et paré de tous les sortilèges que peuvent engendrer la pierre et l'eau lorsqu'elles se combinent en se combattant. Landes et bois de pins ceinturés de falaises abruptes, plages de sable fin et monstrueux entassements de rochers, damier des champs piquetés de maisons blanches, criques abritées et caps furieusement battus par les flots en font l'un des sites les plus caractéristiques de la Bretagne, un résumé de l'Armor, allongé entre la rade de Brest et la baie de Douarnenez.

Crozon, où naquit Louis Jouvet, est un gros bourg dont l'église (moderne) contient un retable polychrome du XVIIᵉ siècle à 400 personnages. Au-delà, les trois branches de la croix divergent, à l'ouest vers Camaret et Pen-Hir, au sud vers Morgat et le cap de la Chèvre, au nord vers Roscanvel et la pointe des Espagnols.

Dans un site sauvage, balayé par les vents, *Camaret*, important port langoustier, repose dans la quiétude à l'abri de sa digue et de son « sillon », à l'extrémité duquel elle a, pour se ménager le ciel, édifié la chapelle Notre-Dame-de-Roc'h-Amadour (« le roc au milieu de la mer ») et, pour se défendre des hommes, le château Vauban, une tour qui la protégea avec succès, le 18 juin 1694, contre la flotte anglo-hollandaise, dont un boulet décapita le clocher de la chapelle.

Vers le sud-ouest, après les alignements de Lagatjar dont les menhirs se dressent dans l'herbe rase, *Pen-Hir* enfonce dans les flots l'éperon de sa formidable falaise à pic, de 70 m de haut, que prolongent, à la queue leu leu, trois énormes rochers coniques, peuplés d'oiseaux de mer : les *Tas-de-Pois*. De la plate-forme, on découvre un immense panorama, depuis la pointe du Raz et l'île de Sein jusqu'à la pointe de Saint-Mathieu et, par temps clair, jusqu'à Ouessant.

À l'entrée de la branche sud de la croix, *Morgat* — port de pêche, belle plage, doux climat — ne semble guère avoir de défauts. Pour qui ne se contente pas des activités balnéaires, ses grottes réputées constituent une attraction de choix. Les « petites grottes » (Roméo, les Oiseaux, les Éléphants) sont très facilement accessibles à marée basse, mais c'est en barque que l'on visite les « grandes grottes » (l'Autel, profonde de 80 m et haute de 10 m, le Foyer, Sainte-Marine, les Normands, les Cormorans et la Cheminée-du-Diable, un enfer d'où on aperçoit le ciel). Gigantesque brise-lames naturel, le *cap de la Chèvre* domine de 100 m l'océan auquel il ferme l'entrée de la baie de Douarnenez. Ses falaises de grès et de quartz sont taillées de géométrique et étrange façon. Un sentier escarpé permet d'atteindre deux grottes formant tunnels, qui traversent la pointe de part en part, tandis qu'une troisième, la grotte du Charivari, n'est accessible qu'en barque. Toujours dans la branche sud de la presqu'île, mais sur sa face occidentale, la *pointe de Dinan* supporte le « château » du même

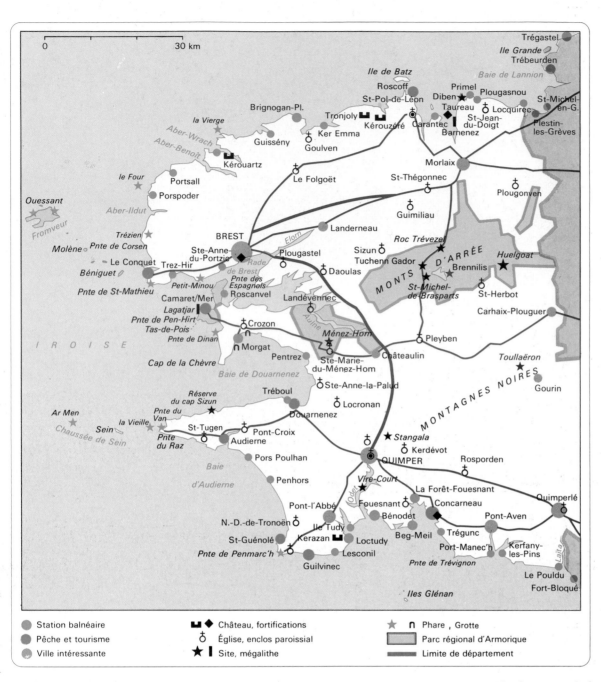

● Station balnéaire	⬛⬥ Château, fortifications
● Pêche et tourisme	⚲ Église, enclos paroissial
◔ Ville intéressante	★❙ Site, mégalithe
⭐ ⋂ Phare , Grotte	
▨ Parc régional d'Armorique	
▬▬ Limite de département	

▲ *Les menhirs de Lagatjar
s'alignent parmi les pâquerettes
de la presqu'île de Crozon.*

Pierre sur pierre

Si tout le monde s'accorde à reconnaître que le Finistère est le département des enclos paroissiaux, on considère souvent que son voisin, le Morbihan, a la quasi-exclusivité des monuments mégalithiques.

Il n'existe pas de contre-vérité plus flagrante. Carnac et ses milliers de pierres alignées ont faussé le jeu.

En fait, le Finistère devance le Morbihan en ce qui concerne le nombre des dolmens (353 contre 343) et, plus nettement encore, celui des menhirs isolés (314 contre 240). Il possède 22 cromlechs (contre 14 au Morbihan), et — ironie suprême! — 17 alignements contre 12.

Reconnaissons pourtant que ceux de Carnac ont une autre ampleur, et espérons que — si, comme le veut la légende, les pierres dressées sont des soldats pétrifiés — les légions de Kerlescan, du Menec ou de Kermario ne sortiront pas de leur immobilité minérale pour affronter la compagnie de Lagatjar (143 menhirs au total) afin de laver l'affront. ■

nom, chaos d'énormes rochers ruiniformes qui évoquent une gigantesque forteresse, avec ses tours et les arches de son pont. Là vivaient autrefois, selon la légende, des géants méchants et bêtes. Ils en furent chassés par les ruses des korrigans. Des grottes (accessibles seulement lors des grandes marées) portent encore leur nom, mais les petits êtres bienfaisants qui les en ont expulsés ont disparu...

La pointe de la branche nord de la croix porte le nom de *pointe des Espagnols* en souvenir de 400 soldats, venus d'Espagne pour combattre les protestants aux côtés de la Ligue, qui s'emparèrent, en 1594, de la presqu'île de Roscanvel et s'y retranchèrent durant huit mois. Du cap, on découvre une vue incomparable sur une rade plus incomparable encore, celle de Brest.

Brest, cité nouvelle

Pointe du Petit-Minou, à l'entrée du Goulet; pointe du Portzic, à l'autre extrémité, en face de celle des Espagnols; Brest, largement étalée au fond de sa rade avec ses bassins et son arsenal; estuaire de l'Elorn, barré par les 880 m du pont Albert-Louppe et au fond duquel se niche *Landerneau*, l'ancienne capitale du Léon, réputée bruyante à cause du tollé général que déclenchaient autrefois les veuves qui se remariaient; presqu'île de *Plougastel*, aux fraises sans pareilles, avec

ses hameaux blottis autour de leur chapelle peuplée de saints en bois peint; *Landévennec*, au pied de la presqu'île de Crozon et au débouché de la sineuse ria de l'Aulne (ou rivière de Châteaulin), avec ses deux abbayes, l'une en ruine, l'autre en activité; la rade de Brest, avec ses 15 000 ha d'eau tranquille, ses falaises, ses criques rocheuses, ses rivages dentelés et ses longues anses sablonneuses, est le plus beau bassin naturel qui se puisse imaginer.

Brest, premier port de guerre français et port de commerce en expansion, a été rasée au cours de la Seconde Guerre mondiale. C'est aujourd'hui une ville neuve qui, en dehors de son château et de la promenade sur les anciens remparts (cours Dajot), n'a à offrir à ses visiteurs que les réalisations spectaculaires de sa reconstruction.

L'église Saint-Louis mesure 85 m sur 27. Édifiée en pierre brute et en béton armé, elle est évidemment très différente de celle de Locronan ou de Saint-Thégonnec. Le pont de Recouvrance, qui enjambe à 22 m de hauteur le petit estuaire de la Penfeld, est le plus grand pont levant d'Europe. Sa travée mobile, longue de 87 m, peut s'élever de 26 m en deux minutes et demie.

On visite l'Arsenal, la base navale, les formes de radoub qui ne craignent pas d'accueillir de monstrueuses unités de 500 000 t, et, si cette ville sans ride paraît trop jeune, il reste les musées, en particulier celui du Vieux-Brest, où l'on peut faire un voyage éclair dans la Bretagne d'avant-hier.

la Bretagne
du granite rose

◄ *Au large de la Côte de Granite rose,*
l'île Malban,
l'une des réserves d'oiseaux
de l'archipel des Sept-Îles.

*Au nord de la Bretagne,
la pluie,
les vents chargés de sable
et les vagues de la Manche,
en s'acharnant sur un littoral
de granite rose,
ont façonné d'étranges chaos,
d'énormes amoncellements rocheux
qui prennent parfois l'allure
de sculptures colossales.*

Paysage chaotique, ▲
*mélange intime des eaux
et des pierres roses :
l'île Renote.*

Au printemps, ▶
*entre les rochers,
la moindre parcelle de terre
se couvre de fleurs.*

Au long d'un rivage très découpé,
précédé d'une poussière d'îlots et de récifs acérés,
les amas de rochers roses dressent des architectures tourmentées,
encadrant de belles plages de sable fin.

4. Côte de Granite rose

▲ *Auprès des maisons blanches
de Ploumanac'h,
les blocs de granite
ont l'air de gros cétacés.*

◄ *Du «sentier des Douaniers»,
à Perros-Guirec,
on peut admirer de près
les promontoires
qui jalonnent la côte.*

*Sur la plage de Ploumanac'h, ►
face au château de Costaërès,
l'oratoire dédié à saint Guirec
a les pieds dans l'eau
à marée haute.*

À l'ouest de la vaste baie de Saint-Brieuc,
la côte accueillante du pays Goëlo
égrène un chapelet de stations balnéaires
et de petits ports de pêche
largement ouverts
aux embarcations des plaisanciers.

◄◄ *Une jetée et un feu fixe*
séparent le port
de Portrieux
des plages de Saint-Quay.

◄ *Dans le port de Binic,*
les bateaux de plaisance
ont remplacé les goélettes
des morutiers.

▲ *Loguivy-de-la-Mer :*
les langoustiers
doivent attendre la marée
pour entrer ou sortir du port.

À marée basse, ►
la mer déserte
les hauts-fonds sableux
de la baie de Saint-Brieuc.

▲ *La presqu'île du Castel
et l'île Milliau prolongent
la belle plage de Tresmeur,
orgueil de Trébeurden.*

Au nord de la Bretagne, entre Finistère et Côte d'Émeraude, le plateau du Trégor s'avance en promontoire dans la Manche, baigné à l'ouest par la baie de Lannion et flanqué à l'est du pays Goëlo, que borde la baie de Saint-Brieuc. Au nord, de Trébeurden à l'embouchure du Trieux, cette saillie présente à la mer un front granitique profondément découpé, échancré en dents de scie, où s'ouvrent des estuaires qui sont parfois de véritables bras de mer. Littoral superbe, dont les énormes rochers rougeâtres, sculptés par les intempéries et les assauts des vagues, dessinent des formes étranges où l'imagination populaire reconnaît des silhouettes humaines, des objets, des animaux...

Le grain assez gros du granite ayant favorisé le travail de l'érosion, les rochers qu'elle a façonnés s'ordonnent, par endroits, en d'extraordinaires décors ruiniformes, « châteaux » aux couleurs tendres qui ont valu au littoral trégorrois le surnom imagé de « Côte de Granite rose » — bien que cette appellation désigne, en fait, la partie la plus occidentale de ce rivage, de Trébeurden à Perros-Guirec.

Souriant, fertile et bretonnant Trégor

Frangée d'une poussière de petites îles — refuges des oiseaux de mer et des amateurs de solitude —, la côte est bordée par un chapelet de stations touristiques, dont Flaubert célébrait déjà les « plages blondes comme le miel » et qui possèdent, aujourd'hui, tous les équipements modernes, notamment en matière de navigation de plaisance. L'air chargé d'iode, d'une remarquable pureté, l'influence du Gulf Stream, qui fait régner un climat tempéré, permettant aux palmiers, aux mimosas et aux camélias de pousser en pleine terre, au milieu d'énormes bouquets d'hortensias et de parterres fleuris, font de ce littoral une terre de vacances privilégiée.

Aux attraits des rochers rouges, des flots bleus et des bois de pins, qui donnent au bord de mer un aspect très méditerranéen, s'ajoute le charme typiquement breton des paysages de l'intérieur, avec leurs menhirs, leurs allées couvertes dispersées dans la lande, leurs villages blottis à l'ombre d'un clocher et leurs petites villes accueillantes. Le nord du Trégor, qui fut longtemps l'une des régions les plus prospères de la Bretagne, est une contrée fertile où poussent les primeurs, le blé, la betterave, les arbres fruitiers. Puis, insensiblement, apparaît un arrière-pays grave et dur, une campagne aride, parsemée de landes et d'ajoncs, dominée par le mamelon isolé du Ménez-Bré dont le sommet offre une vue magnifique.

Sur le littoral trégorrois — comme, d'ailleurs, sur toute la côte nord de l'Armorique — se sont écrites les pages décisives de l'histoire de la péninsule, avec l'arrivée, au Ve siècle, de Celtes partis de Grande-Bre-

tagne sous la conduite de chefs religieux devenus, au fil des siècles, les saints patrons des évêchés de Bretagne. Et l'on ne saurait oublier que c'est le Trégorrois, pays des femmes en bonnet de tulle à queue d'aronde, qui a donné à la province — mais au XIIIe siècle seulement — son saint le plus illustre et le plus authentique : Yves, patron des

Lieue de Grève
et Corniche de l'Armorique

Au sud de Trébeurden, la roche perd sa belle teinte rose et prend une nuance grise plus conforme à l'idée que l'on se fait habituellement de la Bretagne. Si le paysage est plus austère, il n'en est pas moins beau. Une muraille de hautes falaises ciselées par l'érosion enserre la baie de Lannion. Des arbustes et des bouquets de pins s'accrochent à leurs pentes, et le plateau est couvert de landes qui ont valu à ce littoral le nom de « Côte des Bruyères ». Une très belle route longe la mer, tantôt au pied de la falaise, tantôt sur le plateau : la « Corniche de l'Armorique ».

Entre la pointe de Beg-an-Fourn, à l'est, et celle de Plestin, à l'ouest, la baie est bordée, sur près de 5 km,

par une plage immense, la *Lieue de Grève*, si plate que la mer s'y retire à plus de 2 km pour revenir « au galop », à marée haute, se briser sur le mur de béton qui longe la route et éclabousser la chaussée. Vers le milieu de la Lieue de Grève, la courbe de la falaise est rompue par un promontoire rocheux de 80 m de haut, le « Grand Rocher », magnifique belvédère d'où la vue plonge, suivant les heures, sur le tourbillon blanc du ressac ou sur des centaines d'hectares d'un sable si ferme que l'on y organise des courses de chevaux.

Deux petites stations balnéaires flanquent la Lieue de Grève : à l'est, c'est *Saint-Michel-en-Grève*, qui possède un curieux cimetière marin fouetté par les embruns ; à l'ouest, c'est *Saint-Efflam*, qui doit son nom à un saint irlandais, débarqué là,

▲ *Point de départ
de la Corniche de l'Armorique,
la petite station balnéaire
de Saint-Michel-en-Grève.*

hommes de loi ; la Saint-Yves (19 mai) est, en quelque sorte, la fête nationale de l'Armorique, et on la célèbre solennellement dans toutes les parties du monde où ont essaimé des colonies bretonnes.

Le folklore, né des longues veillées où l'on filait le lin en racontant à tour de rôle de merveilleuses légendes, est riche. Dans son

introduction au *Mystère de sainte Triphine et du roi Arthur,* édité en 1863, Marie Lazuel écrivait : « Le Trégor est une terre classique de notre littérature nationale ; le paysan trégorrois est intelligent, spirituel, frondeur, volontiers curieux de voir, désireux d'apprendre. Il a d'autres besoins que ceux de la vie matérielle, aime la poésie et le merveilleux, et sa mémoire est ordinairement bien fournie de vieux *gwerz* et de contes fantastiques. »

La Corniche bretonne

« Côte de Granite rose » par excellence, la corne occidentale du littoral trégorrois réunit, de Trébeurden à Perros-Guirec, un éventail de séductions qui fait d'elle un des hauts lieux touristiques de la Bretagne. Ports de plaisance, écoles de voile et de plongée, plages abritées, criques sauvages, tennis, golf, équitation, excursions et pêche en mer, promenades dans la campagne et festivités variées se joignent à la beauté des sites, à l'étrangeté des amas de rochers roses, au charme des vieilles églises et aux raffinements de la gastronomie pour attirer les estivants tout au long du littoral. La route qui suit au plus près la côte et relie le chapelet de stations a été baptisée « Corniche bretonne », juste hommage rendu au charme exceptionnel de ce décor.

À l'ouest, *Trébeurden* égrène, face à l'île Milliau, ses plages encadrées de verdure. Elles ont le mérite — rare dans les Côtes-du-Nord — d'être exposées au midi. Entre les croissants de sable fin, des promontoires escarpés — pointe de Bihit, presqu'île du Castel — offrent de magnifiques points de vue sur la baie de Lannion.

En remontant vers le nord, on découvre, après la pointe de Toënnou et la grève parsemée de rochers de Kerlio, *l'Île-Grande,* qu'un pont a transformé en presqu'île. Plate, basse, battue par les vents, elle recèle des dunes, un chaos de granite fouetté par les embruns, dans lequel les carriers ont découpé de quoi paver le Paris du baron Haussmann, et une remarquable allée couverte, imposante et solitaire, sœur jumelle de celle qui se dresse dans un champ, sur la terre ferme, à l'entrée du pont. À une encablure de la côte est, sur un modeste îlot, *l'île Aval,* un menhir est censé marquer l'emplacement de la sépulture du roi Arthur (ou Artus), le légendaire fondateur de l'ordre des chevaliers de la Table ronde, amené là par la fée Morgane au soir du combat où il perdit la vie.

Poursuivant sa route vers le nord-est, la Corniche bretonne atteint ensuite *Trégastel-Plage.* Un nom qui devrait d'ailleurs s'écrire au pluriel, les sinuosités du rivage n'abritant pas moins de douze plages, dont les plus fréquentées sont Coz-Pors et la Grève blanche. C'est une véritable débauche de granite rose. La mer est parsemée d'îlots

avec quelques compagnons, à la fin du Ve siècle et enterré dans l'église de la bourgade voisine de *Plestin-les-Grèves*.

Après Saint-Efflam, quelques lacets amènent la Corniche de l'Armorique sur le plateau. Elle contourne la pointe boisée de Plestin, redescend pour franchir l'estuaire envasé du Douron, limite occidentale des Côtes-du-Nord, et remonte vers la pointe de Locquirec et le Finistère. ■

À l'orée de la Bretagne bretonnante : Guingamp

Sur le grand axe routier qui relie Paris à Brest en passant par Saint-Brieuc, la première agglomération où l'on parle breton est Guingamp, que ses habitants prononcent

▲ *Parés de vigne vierge et d'hortensias, le château des Salles et son parc servent de cadre aux fêtes de Guingamp.*

« Gouengampe ». Ancienne capitale du duché de Penthièvre, c'est aujourd'hui l'un des plus importants marchés agricoles des Côtes-du-Nord et une ville très agréable, avec ses pavés biscornus et ses maisons coiffées d'ardoises qui se mirent dans les eaux fraîches du Trieux.

Le monument le plus marquant est la belle *basilique Notre-Dame-de-Bon-Secours*, moitié gothique, moitié Renaissance, que domine un clocher du XIIIe siècle. Une Vierge noire, couronnée et somptueusement vêtue, est vénérée sous le « grand porche », sorte de chapelle extérieure fermée par une grille, dont le pavement dessine un labyrinthe. Chaque année, la veille du premier dimanche de juillet, un très célèbre pardon nocturne, avec feux de joie et procession aux flambeaux, donne à la statue

Les pins trouvent sur la Côte de Granite rose
▼ *un climat à leur convenance.*

où l'on peut se rendre à pied sec à marée basse, la côte se découpe en gigantesques blocs rocheux, isolés ou empilés, dont les formes inattendues frappent l'imagination. Le plus spectaculaire est peut-être le « Dé », posé en équilibre au sommet d'un chaos cerné par les flots, mais il y a aussi le « roi Gradlon », la « princesse Dahut », la « Sorcière », la « Tête de mort », le « Tas de crêpes » et bien d'autres… Un entassement de rochers arrondis, baptisés les « Tortues », porte une statue naïve du « Père Éternel » et recouvre des grottes où sont aménagés un aquarium marin et un musée préhistorique qui présente les objets découverts près des dolmens du voisinage. Un site extraordinaire : celui de l'*île Renote,* qu'un isthme relie maintenant au rivage. C'est un prodigieux amas d'énormes roches roses, dont certaines ont roulé dans les flots, formant une poussière de récifs et d'îlots, comme le « Grand Gouffre ».

À l'intérieur des terres, *Trégastel-Bourg* possède une jolie église gothique — ornée, au XVIIe siècle, d'un ossuaire arrondi — et, au sommet d'un tertre, un curieux calvaire-belvédère, élevé au début du siècle, d'où l'on découvre toute la Côte de Granite rose. La chapelle Renaissance Saint-Samson, perdue en pleine campagne, vient d'être restaurée et, de son clocher, la vue est également très belle.

En sortant de Trégastel, la Corniche bretonne pique résolument vers l'est et traverse l'étang de Trégastel sur une chaussée de pierre bordée d'un vieux moulin qui, durant cinq siècles, utilisa la force des marées pour moudre son grain. Au fond de l'étang s'ouvrent les vallons boisés des Trouaïéros, des défilés sauvages, mystérieux, dont le silence n'est troublé que par le murmure des ruisseaux qui se faufilent sous de grands éboulements rocheux.

Au centre du chaos, Ploumanac'h

De l'autre côté de la chaussée, vers la mer dont il est séparé par un goulet étroit, le petit port de Ploumanac'h attend philosophiquement la marée haute qui fera flotter ses bateaux. Les maisons des pêcheurs — et les villas des estivants — se pressent sur l'étroit promontoire qui sépare le port de l'anse où se niche la petite plage de Saint-Guirec, d'autant plus serrées qu'une bonne partie de la place disponible est occupée par quelques-uns des formidables blocs de granite qui font la célébrité de Ploumanac'h. Ils s'entassent sur le rivage, encombrent l'anse de Saint-Guirec, forment des écueils et des îlots dont le plus important abrite une forteresse pseudo-féodale, le très moderne et très rose château de Costaérès, bardé de tours, hérissé de créneaux; il reçut, en 1898, la visite de l'écrivain polonais Henry Sienkiewicz, mais, contrairement à ce qu'affirme la tradition locale, ce n'est pas là que le romancier écrivit, fût-ce en partie, son célèbre *Quo vadis?*,

l'occasion d'admirer la place du Centre et ses maisons du Moyen Âge.

De l'ancienne ville close, il subsiste une partie des remparts et les ruines d'un château carré, flanqué de grosses tours. Plus décorative est la populaire *Plomée*, une belle fontaine Renaissance ornée de figures de plomb représentant des béliers, des chevaux marins, des dauphins, des nymphes donnant l'eau par les mamelles et, sanctifiant toute cette mythologie, une Vierge Marie. Aux environs, il faut voir l'ancienne *abbaye de Sainte-Croix,* dont une ferme occupe les bâtiments médiévaux, malheureusement très dégradés, et la très belle chapelle *Notre-Dame-des-Grâces,* de style gothique flamboyant, dont les sablières sont sculptées avec une verve truculente. ■

▲ *Un peu de guingois, mais toujours solides, ces maisons de Lannion ont plus de 400 ans.*

Lannion sur le Léguer

Au carrefour d'un éventail de routes dont chaque branche conduit à l'une des stations de la Côte de Granite rose, Lannion s'étage à flanc de coteau dans la vallée du Léguer, la plus belle rivière à saumons du département (un ascenseur à saumons a été installé dans le barrage hydroélectrique de Kermansquillec). Sur la hauteur, au sommet d'un escalier de 142 marches, bordé de maisonnettes en gradins, la belle *église de Brélévenez,* construite au XIIe siècle par les Templiers, domine l'agglomération.

Le principal charme de Lannion réside dans ses hautes maisons du Moyen Âge, dont les étages en encorbellement s'avancent au-dessus des places et surplombent les rues

⟶

Transition entre les styles gothique et Renaissance, l'église en granite rose de La Clarté, ▼ *près de Perros-Guirec.*

car celui-ci était publié depuis trois ans. Sur la plage, un groupe de rochers, que la mer entoure à chaque marée, porte un minuscule oratoire abritant une statue de saint Guirec; la coutume veut que les jeunes filles à marier viennent piquer une épingle dans le nez du saint : si l'épingle reste fichée, le mariage aura lieu dans l'année. (Précisons que la statue, aujourd'hui en granite, était autrefois en bois, matériau beaucoup plus favorable à la réussite de l'entreprise.)

À l'est de Ploumanac'h, la féerie atteint son paroxysme avec la *pointe du Squewel,* un des plus beaux sites de la Bretagne, aménagé en parc municipal pour le soustraire à la rapacité des promoteurs. De la plage de Saint-Guirec, le « sentier des Douaniers » permet aux promeneurs de gagner à pied Perros-Guirec en longeant la falaise, parmi les rochers aux formes étranges et aux noms pittoresques disséminés dans la lande : « Chapeau de Napoléon », « Bélier », « Bouteille », « Pied », etc. Au large se profile l'archipel des Sept-Îles, semblable à « un groupe de cétacés préhistoriques jouant à fleur d'horizon » (Anatole Le Braz). Le rivage est couvert de blocs roses, dont certains atteignent des tailles colossales; polis par les vagues, ils se bousculent, se chevauchent, s'amoncellent, forment des édifices imposants que séparent de petites criques sablonneuses. Voici le phare de Ploumanac'h, lui aussi de couleur tendre, l'anse de Pors-Kamor, la pointe du Squewel, la masse ruiniforme du « Château du diable », le massif de Pors-Rolland...

Au-delà, le sentier des Douaniers, plus étroit, continue en s'accrochant à la falaise, parmi les fougères, jusqu'à Trestraou, la grande plage de Perros-Guirec. Au-dessus de lui, la Corniche bretonne contourne un promontoire portant un sémaphore tout blanc et offre aux automobilistes un extraordinaire panorama sur toute la Côte de Granite rose, la mer pailletée de voiles blanches, les îles nimbées d'une brume légère...

Parmi les pins et les hortensias, Perros-Guirec

Derrière le sémaphore, sur une butte d'où l'on découvre un vaste horizon, le hameau de *la Clarté* — qui, tout comme Ploumanac'h, fait partie de la commune de Perros-Guirec — doit à sa position dominante de posséder une des plus jolies églises de la région, Notre-Dame de La Clarté : un navigateur perdu dans le brouillard avait, dit-on, fait le vœu d'élever un sanctuaire à la Sainte Vierge sur le premier point de la côte qui émergerait de la brume. Toute rose, précédée d'un calvaire et d'un porche orné de bas-reliefs, elle est le lieu d'un des plus importants pardons du Trégorrois (15 août).

À l'extrémité de la Corniche bretonne, Perros-Guirec, autrefois petit port de pêche, est, depuis le début du siècle, la « grande » station

étroites, agrémentés de sculptures naïves et de vieilles enseignes. C'est aussi une ville active, en pleine expansion depuis l'implantation du Centre national d'études des télécommunications (C. N. E. T.), et le point de départ de nombreuses excursions, tant vers la Côte de Granite rose qu'au long du Léguer.

En aval de la ville, la rivière forme une ria que chaque marée emplit à pleins bords. Sinueuse, encaissée, très boisée, elle est suivie, sur la rive droite, par un étroit chemin de halage qui permet aux bons marcheurs de rejoindre le hameau de *Beg-Léguer,* sa belle plage et son phare, qui offre un magnifique point de vue sur l'embouchure du Léguer. Sur la rive gauche, *Loguivy* possède un joli enclos paroissial, dont la fontaine Renaissance s'harmonise parfaitement avec l'église gothique;

le Yaudet, bâti sur un promontoire dans le dernier méandre du fleuve, face au large, abrite dans sa chapelle une curieuse Nativité de bois polychrome : la Vierge et l'Enfant sont couchés dans un lit de véritable dentelle, au-dessus duquel vole le Saint-Esprit, tandis que le Père Éternel est assis à leur chevet. Au-delà du Yaudet, la côte semble prolonger l'estuaire jusqu'à la *pointe de Séhar,* hérissée de chicots de schiste, d'où l'on découvre tout le littoral depuis Primel (Finistère) jusqu'à Trébeurden.

En amont de Lannion, le Léguer n'est plus un bras de mer, mais un ruisseau qui court entre les arbres sur un lit de cailloux. Il passe au pied des vestiges du *château de Coat-Frec,* envahis par la végétation; près de la *chapelle de Kerfons,* dont le jubé flamboyant, en bois sculpté,

▲ *Détail du jubé en bois, sculpté au XVIᵉ siècle, de la chapelle de Kerfons.*

Du rocher de la Sentinelle, à demi recouvert de végétation, l'oratoire de la Vierge
▼ *domine la plage de Port-Blanc.*

de la Côte de Granite rose. Construite sur un promontoire qui va en s'effilant jusqu'à la « pointe du Château », face à la longue et déserte île Tomé, l'agglomération domine le port et les plages de sable fin : Trestraou, la plus mondaine, un croissant de 1 200 m de long bordé par les grands hôtels, le casino, le Palais des congrès, l'institut de

thalassothérapie, etc., et Trestrignel, plus familiale et plus intime.

Pour répondre au développement constant de la navigation de plaisance, le port possède désormais un bassin à flot et tous les équipements nécessaires. Perros-Guirec est une station en plein essor, et les grandes bâtisses 1900 ceinturées de pins, avec leurs colombages

est un des plus beaux de la Bretagne; non loin des ruines imposantes de *Tonquédec;* devant la terrasse fleurie du *château de Kergrist,* mi-gothique, mi-classique; à peu de distance de la *chapelle des Sept-Saints,* bâtie sur un dolmen qui lui sert de crypte. ■

À l'écoute des satellites, Pleumeur-Bodou

Tout près des rochers roses de la Corniche bretonne, entre L'Île-Grande et le petit village campagnard de *Pleumeur-Bodou,* non loin du menhir sculpté de Saint-Duzec, une énorme boule blanche, si vaste que l'arc de triomphe de l'Étoile y tiendrait à l'aise, a surgi de la lande, parmi les fougères et les ajoncs, au mois de juillet 1962. Baptisé « radôme » (néologisme

▲ *Parmi les genêts d'or de la lande bretonne, un énorme ballon blanc : le radôme de Pleumeur-Bodou.*

À Plougrescant, la chapelle Saint-Gonéry et sa flèche de plomb, ▼ *bizarrement penchée.*

« à la normande » et leurs clochetons pointus, contemplent avec nostalgie la prolifération des villas blanches à toit d'ardoise. L'église du bourg, dont la pierre est à peine moins rose que les buissons d'hortensias qui l'environnent, a dû être agrandie pour accueillir l'afflux estival des fidèles. Église d'ailleurs fort originale, avec sa nef romane, son porche gothique et sa grosse tour carrée, que domine un curieux clocher à dôme et fléchette.

Port-Blanc et la presqu'île de Plougrescant

À l'est de Perros-Guirec, la côte, beaucoup plus sauvage, est bordée d'une multitude d'îlots et de récifs que la mer déserte à chaque marée et qui jalonnent d'immenses grèves de sable. De petites stations familiales se nichent au creux des baies. La plus connue est *Port-Blanc,* qui, depuis le début du siècle, a attiré beaucoup d'hôtes illustres : le poète Anatole Le Braz, le barde Théodore Botrel (il faisait hisser le drapeau tricolore au-dessus de sa maison lorsqu'il venait en villégiature), H. G. Wells, Bernard Shaw, l'académicien André Chevrillon et le chirurgien-écrivain Alexis Carrel, auteur de *l'Homme, cet inconnu,* qui résidait dans l'île Saint-Gildas où il repose aujourd'hui. Il y recevait souvent son ami l'aviateur américain Charles Lindbergh, et ce dernier loua d'ailleurs, en 1938, l'île voisine d'Illiec. Depuis 1967, l'île Saint-Gildas abrite, conformément au vœu de l'écrivain, la Fraternité cistercienne Saint-Gildas, une petite congrégation dépendant de l'abbaye de Boquen.

À l'est de Port-Blanc, la presqu'île triangulaire de *Plougrescant* s'enfonce comme un coin dans des flots parsemés d'une poussière d'écueils et d'îlots, éternellement frangés d'écume. La pointe, baptisée comme à Perros-Guirec « pointe du Château », dresse une étonnante architecture de blocs énormes; du sommet, la vue plonge à la verticale dans le « Gouffre », où la mer se rue en grondant, et s'étend, au loin, sur le littoral hérissé de récifs, prodigieux décor marin où l'imagination se plaît à retrouver les mystérieuses effigies de l'île de Pâques, des citadelles, des monstres antédiluviens... Sur le rivage, les maisons du hameau de *Pors-Hir* s'abritent du vent derrière de gros rochers arrondis, et quelques moutons broutent l'herbe rare.

À l'entrée de Plougrescant, le visiteur est accueilli par le clocher curieusement tordu de la petite *chapelle Saint-Gonéry,* aux allures de forteresse. L'enclos, le calvaire, la chaire à prêcher extérieure et un magnifique if multicentenaire composent un ensemble charmant, mais il faut aussi visiter l'intérieur de la chapelle, dont la voûte raconte l'histoire sainte en 26 tableaux, d'une facture naïve mais pleine de verve, et qui contient un sarcophage du VIIIe siècle et un très beau mausolée du XVIe.

signifiant «dôme pour radar»), ce gigantesque ballon de caoutchouc synthétique, soutenu par sa seule pression interne (on y pénètre par un sas étanche), abrite la première « oreille » tendue vers l'espace.

Lorsque le Centre national d'études des télécommunications (C. N. E. T.) décida de construire une station de relations intercontinentales au moyen d'ondes ultracourtes réfléchies par satellite, le site de Pleumeur-Bodou se révéla un emplacement favorable, tant par son isolement que par la douceur de son climat. Le problème consistait à repérer, puis à suivre le satellite, ce qui nécessitait une antenne mobile. Longue de 54 m, haute de 29, celle-ci pèse 380 t et se déplace dans les plans vertical et horizontal. Elle peut avoir l'ouïe fine : son « pavillon » a 400 m² d'ouverture!

Le 11 juillet 1962, à 0 h 47, Pleumeur-Bodou capta les premières images de télévision transmises par le satellite «Telstar», que les Américains avaient lancé la veille au cap Canaveral; le lendemain, l'Europe envoya ses premières images aux États-Unis par la même voie. Après «Telstar» et «Relay», satellites à défilement, ce fut le tour d'«Early Bird» (ou «Intelstat 1»), satellite géostationnaire, «mis à la retraite» en 1969.

D'importantes modifications furent apportées aux équipements de Pleumeur-Bodou pour capter au mieux les informations transmises par «Intelstat 2» et «3». Le 29 septembre 1969, une seconde antenne entrait en service. Celle-ci n'est pas protégée par un radôme, comme la première, mais peut néanmoins fonctionner sinon par

▲ *Vue de la pointe de l'Arcouest, l'embouchure du Trieux, semée d'écueils.*

La douceur de Tréguier

Au chaos rocheux du littoral s'oppose un arrière-pays plein de douceur. À l'est de la presqu'île de Plougrescant s'ouvre l'estuaire du Jaudy, plus connu sous le nom de «rivière de Tréguier», et cette large ria, où prospèrent les parcs à huîtres, conduit à «une jolie petite ville bien assise sur sa colline, les pieds dans sa rivière salée qui lui fait un petit port au milieu des terres et qui lui apporte le bon air marin sans l'empêcher d'avoir de beaux arbres [...]. D'un côté la campagne verte, de l'autre la mer : les côtes déchirées ne sont pas loin, les vallons joyeux sont tout près.»

Tréguier est toujours la souriante cité ainsi décrite par Louis Veuillot dans *Çà et là*. Accrochée aux flancs du coteau dominant le confluent du Jaudy et du Guindy, la patrie de saint Yves et d'Ernest Renan demeure, avec sa magnifique basilique Saint-Tugdual, ancienne cathédrale, un agréable lieu de séjour et de pèlerinage.

Le vieux pont que célèbre une très ancienne chanson bretonne a rendu son tablier, remplacé par un ouvrage moderne d'une audacieuse envolée, mais, sur le port, les tours carrées qui veillaient sur l'entrée de la cité médiévale sont toujours debout et, en flânant dans les rues de la ville, on découvre encore beaucoup de belles demeures anciennes. La plus visitée est la maison natale de Renan, avec son petit musée dédié au souvenir de l'auteur de la *Vie de Jésus* et à celui de son petit-fils, Ernest Psichari, écrivain catholique, victime de la Première Guerre mondiale.

Le culte de saint Yves est resté très vivant. La basilique abrite son tombeau, son crâne est conservé dans un reliquaire de vermeil, et le cimetière de *Minihy-Tréguier*, le village voisin où il naquit, possède une table de pierre sous laquelle les fidèles passent à genoux lors du «grand pardon» du 19 mai. Sur la rive droite du Jaudy, face à Tréguier, s'élevaient, jusqu'à la fin du siècle dernier, un curieux sanctuaire et une statue de saint Yves. Selon l'historien Pierre Barbier, auteur du *Trégor historique et monumental*, les pèlerins s'y rendaient pour dénoncer au saint les personnes avec lesquelles ils avaient un différend, et celui qui était dans son tort mourait dans l'année. Une vieille femme, un peu sorcière, assurait le cérémonial magique.

À l'est de Tréguier et de sa rivière, la côte du Trégor se termine par la presqu'île de Pleubian, fertile et peuplée, mais dont le rivage, au relief tourmenté, est d'accès très difficile. C'est ici que prend fin la Côte de Granite rose, au milieu des récifs. Mais une dernière curiosité naturelle retiendra l'attention : le *Sillon de Talbert* qui la ponctue. Il ne s'agit plus de chaos de granite, mais d'une interminable langue de sable et de galets, couverte de chardons bleus, qui, à la pointe de la presqu'île, s'avance dans la mer sur des kilomètres. On y ramasse le

goémon, qui sert à faire des engrais. Au large, entre mer et ciel, un îlot porte le phare des Héaux, ce qui signifie «des épées», ainsi nommé en raison des récifs acérés qui l'entourent.

Le pays Goëlo

Le Trégor est séparé du Goëlo voisin par l'estuaire du Trieux, véritable bras de mer qui s'enfonce profondément à l'intérieur des terres. Tout au fond de cette ria, à une quinzaine de kilomètres de la côte, *Pontrieux*, qui armait autrefois pour l'Islande, est restée l'un des ports les plus importants (en tonnage) des Côtes-du-Nord; on y charge notamment le maërl, sable contenant des débris d'algues calcaires, utilisé pour amender les sols. Bordé de rives rocheuses, souvent escarpées, couvertes de bois de pins et d'un manteau d'ajoncs, le Trieux, dont le cours capricieux s'élargit parfois sur plus de 1 km pour se rétrécir ensuite en un étroit chenal, est très apprécié des plaisanciers, des touristes et aussi des pêcheurs, car ses eaux fourmillent de poissons. Mais il faut le fréquenter avec prudence, en raison de son courant extrêmement rapide, au flux et au reflux, et de ses fonds très importants.

À signaler aux amateurs de la petite histoire : le cimetière du hameau de *Lancerf*, sur la rive droite du Trieux, recèle la sépulture du comte de Labenne, fruit des amours du prince Louis Napoléon et d'une belle sabotière, lors de la résidence forcée du futur Napoléon III au fort de Ham, dans la Somme.

À l'embouchure, le petit port langoustier de *Loguivy-de-la-Mer* et, à l'est, la *pointe de l'Arcouest* offrent, surtout à marée haute, des points de vue inoubliables sur la mer constellée de rochers roses, parmi lesquels l'île de Bréhat trône comme une souveraine au milieu de sa cour : Croezen, Béniguet, Île-Verte, Raguenez, Maudez, Logodec, Lavrec, Raguenez-Meur, Séhéres... Sauf Béniguet, tous ces îlots sont déserts, mais certains, comme l'Île-Verte et Lavrec, portent des vestiges de monastères que la tradition rattache à la venue des saints fondateurs. Ils témoignent, en tout cas, de l'occupation très ancienne de ce littoral.

Au sud, l'anse de *Paimpol* abrite le plus grand port de la région, immortalisé par la chanson de Théodore Botrel *la Paimpolaise* (la fameuse falaise se trouve à la pointe de Quilben, à l'est de la ville) et par le roman de Pierre Loti *Pêcheur d'Islande* (situé, en fait, à Pors-Even, dans le «pays de Ploubazlanec qui se découpe en corne de renne sur la Manche grise»).

Avant de lui valoir la gloire littéraire, les pêcheurs qui allaient chercher la morue en Islande assurèrent à Paimpol sa prospérité jusqu'à la fin du siècle dernier. La «petite pêche», l'ostréiculture, le

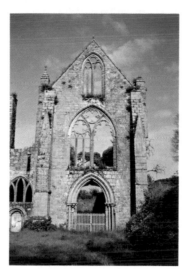

▲ *Près de Paimpol, les ruines de l'abbaye de Beauport : la façade de l'église construite au XIIIe siècle.*

*Saint-Brieuc :
au pied du tertre Aubé,
le ravin du Gouët
▼ et le port du Légué.*

tous les temps, au moins dans la plupart des conditions atmosphériques que peut offrir ce climat privilégié.

Actuellement, la station de Pleumeur-Bodou, dont la visite, complétée par la projection d'un film explicatif fort bien fait, est à la fois attrayante et instructive, est reliée au satellite « Intelstat 4 », qui peut transmettre en même temps deux programmes de télévision et 4 000 communications téléphoniques. Depuis l'installation d'une troisième antenne, en 1973, il n'y a plus un seul coin du globe que l'on ne puisse voir en images sur le petit écran... Bretagne futuriste? Certes, mais ici le futur ne semble pas trop dépaysé. Que cette terre d'où tant de marins sont partis à la quête du monde soit aujourd'hui à l'écoute des grands espaces n'a rien d'étonnant. ■

Les pêcheurs d'Islande

La « grande pêche » qui conduisait, chaque année, une flottille de goélettes dans l'Atlantique Nord, pour y traquer les bancs de morues au large de l'Islande, fit longtemps la fortune de Paimpol.

Les morutiers prenaient la mer en plein hiver, car les mois de février et de mars sont relativement doux en Islande et se prêtent bien à la pêche; c'était l'équinoxe d'avril qui, avec ses effroyables tempêtes, était la période la plus dangereuse pour les marins. Aussi le grand départ était-il fixé au 20 février. Sous un pâle soleil hivernal, une aigre bise gonflait les voiles des vaisseaux joyeusement pavoisés, aux coques peintes de couleurs vives. C'étaient des embarcations à la fois solides et

→

commerce des primeurs — la côte du Goëlo se prête bien à la culture des légumes —, la vente des fleurs (hortensias, camélias, mimosas) et, bien entendu, le tourisme constituent aujourd'hui l'essentiel de son activité. Si l'on ne peut plus, comme au temps de la splendeur, passer d'un quai à l'autre en empruntant le pont de ses navires serrés flanc contre flanc, Paimpol n'en demeure pas moins un important centre maritime, où est implantée une École nationale de la marine marchande. C'est aussi un port de plaisance très animé, que l'école de voile des Glénan utilise comme base de stages et de croisières.

Maints témoignages rappellent au visiteur l'époque héroïque de la « grande pêche ». A *Ploubazlanec*, sur une petite éminence, s'élève toujours la « croix des Veuves » (une statue de la Vierge en granite),

auprès de laquelle les femmes venaient guetter, parfois vainement, le retour des goélettes; dans le cimetière, sous le porche de la chapelle, le « mur des Disparus en mer » porte encore le panneau de bois noir sur lequel s'étire la longue liste des marins victimes de l'Océan.

Avec l'anse de Paimpol, la nature s'apaise, sans perdre ce caractère secret, ce charme envoûtant propre aux côtes bretonnes. « C'est en vérité un lieu admirable, écrivait en 1835 Prosper Mérimée dans ses *Notes d'un voyage dans l'ouest de la France*, et j'avais de la peine à détacher mes regards de cette mer blanchissante d'écume, d'où sortent çà et là les têtes verdâtres d'une multitude de rochers aux formes fantastiques. Ce coin de terre semble exceptionnel. J'y voyais avec surprise prospérer des arbres du midi de la France. Oubliant leur

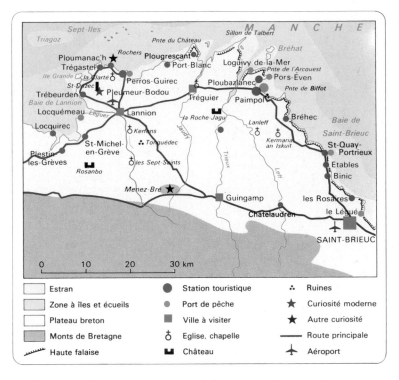

Estran	Station touristique
Zone à îles et écueils	Port de pêche
Plateau breton	Ville à visiter
Monts de Bretagne	Eglise, chapelle
Haute falaise	Château
	Ruines
	Curiosité moderne
	Autre curiosité
	Route principale
	Aéroport

élégantes, jaugeant une centaine de tonneaux et montées par une vingtaine d'hommes dont la moitié n'étaient pas des marins de profession, mais des cultivateurs ou des artisans, attirés par l'appât du gain. Gain bien modeste, en vérité, si l'on songe aux efforts fournis. Durant six mois, sans toucher terre une seule fois, sur un océan hostile, ces hommes pêchaient par tous les temps, jour après jour, de l'aube au crépuscule. La nuit venue, ils décapitaient et vidaient les poissons, pataugeant jusqu'aux genoux dans le sang et dans les entrailles, pour emplir la cale de filets salés, pendant que, sur la terre bretonne, sa femme et ses enfants cultivaient les champs.

Une bénédiction solennelle des navires précédait le grand départ. La statue de Notre-Dame-de-Bonne-Nouvelle, patronne des marins paimpolais, était portée en grande pompe jusqu'aux quais, où se pressaient jusqu'à 80 goélettes, près de la moitié des « Islandais » de France. Au retour, à la fin de l'été, plusieurs navires manquaient à l'appel, perdus en mer corps et biens.

Et puis les goûts de la clientèle évoluèrent. La vogue de la morue congelée, qui nécessite des chalutiers spécialement équipés, fit un tort considérable à la morue salée. Les cours s'effondrèrent, les primes d'embarquement et les parts de pêche rétrécirent comme peau de chagrin, les armateurs perdirent de l'argent, et les goélettes finirent par rester au port où elles pourrirent lentement. Paimpol sombra dans une douce somnolence, mais le souvenir des « Islandais » n'a pas fini de hanter ses rêves. ■

soleil natal, des myrtes, des mûriers, des figuiers gigantesques couvraient la plage, laissant presque tomber leurs fruits dans les flots. »

C'est dans ce site ravissant que s'élèvent les ruines drapées de lierre de l'*abbaye de Beauport,* fondée au XIIIᵉ siècle par les prémontrés et convertie, sous la Révolution, « en fabrique de poudre tyrannicide ». On visite l'église, de style gothique normand, le cloître envahi par une végétation exubérante, la salle capitulaire, le réfectoire transformé en jardin où poussent des hortensias, le cellier voûté aux piliers massifs. À l'est, la *pointe de Bilfot* ferme la baie, dominant la mer de 60 m. De la table d'orientation, on découvre îles et îlots jusqu'à Bréhat et toute la côte jusqu'à l'Arcouest, succession de caps et de criques, de petites grèves difficilement accessibles, blotties entre deux pans de falaise. C'est le paradis des « pêcheurs à pied » qui poursuivent à marée basse leur inlassable quête de coquillages.

La portion de rivage à laquelle l'usage réserve le nom de « côte du Goëlo » prend fin peu après, avec la petite station balnéaire de *Bréhec,* dont la jolie baie est bordée d'une immense plage de sable; ancien port de pêche, qui arma dès 1612 pour Terre-Neuve, Bréhec est un excellent abri naturel et offre un magnifique plan d'eau aux évolutions des dériveurs de son école de voile.

Vers le sud, la côte occidentale de la baie de Saint-Brieuc, bordée de falaises qui atteignent par endroits une centaine de mètres de haut, égrène son chapelet de petits ports de plaisance et de plages familiales : Bonaparte-Plage, Port-Moguer, le Palus-Plage.

Saint-Quay-Portrieux, née de la fusion de deux communes, est une station balnéaire bien équipée, qui offre à ses visiteurs quatre belles plages, un port de pêche et de plaisance, une jolie promenade en corniche, un casino, des tennis, une école de voile, une piscine d'eau de mer, etc. *Étables-sur-Mer* n'est pas vraiment « sur mer », mais sur le plateau, à 1,5 km de ses plages, « les Godelins » et « le Moulin », que relie un pittoresque chemin en corniche. *Binic,* autrefois port de morutiers, accueille aujourd'hui les plaisanciers dans sa baie et à l'embouchure de l'Ic, dans le bassin à flot aménagé jadis pour recevoir les goélettes d'Islande. Enfin, la plage des *Rosaires,* avec son club nautique et son école de voile, est le rendez-vous estival des Briochins, les habitants de Saint-Brieuc.

Le grand passé de Saint-Brieuc

Tapie au fond du grand V de sa baie, à 5 km de la mer, Saint-Brieuc est perchée sur un promontoire, entre deux ravins profonds qu'enjambent d'élégants viaducs. Préfecture du département des Côtes-du-Nord — ou plutôt des « Côtes d'Armor », comme on dit

ici —, évêché, centre industriel et commercial (le port du Légué, dans l'estuaire du Gouët, est spécialisé dans l'exportation des fruits et des légumes en provenance du Léon), la ville est active et prospère, mais elle n'occupe plus la place prépondérante qui fut la sienne au XVIIᵉ et au XVIIIᵉ siècle, lorsque les états généraux de Bretagne s'y assemblaient régulièrement.

Fondée à la fin du VIᵉ siècle par un moine gallois, Brieuc, qui s'y établit avec quatre-vingts compagnons, évangélisa les environs et fut enterré à l'endroit où s'élève aujourd'hui la cathédrale, Saint-Brieuc, devenue évêché, demeura, jusqu'à la Révolution, redevable à l'Église d'une grande partie de sa fortune. La ville a conservé d'intéressants témoignages de ce passé religieux, en dehors de son imposante cathédrale fortifiée, qui subit bien des assauts au cours des siècles. L'hôtel de Bellescize, qui abrite actuellement un musée d'ethnographie bretonne, servit d'évêché au XVIIᵉ siècle, ce rôle étant ensuite dévolu à l'hôtel de Maillé, qui date du XVIIIᵉ siècle. Plus ancienne, la maison prébendale des chanoines du Saint-Esprit est de style Renaissance. À l'ouest de la ville, la jolie fontaine Saint-Brieuc est gothique, mais l'oratoire auquel elle est adossée fut rebâti sous Louis-Philippe. Les autres églises de la ville sont de construction récente, mais parfois de style gothique, comme Notre-Dame-de-l'Espérance et la chapelle Saint-Guillaume, ou roman, comme l'église Saint-Michel. Plus authentiques sont la maison le Ribault (XVᵉ siècle), l'hôtel des Ducs de Bretagne (XVIᵉ siècle) et l'hôtel de Rohan (XVIIᵉ siècle).

Avec ses beaux jardins fleuris, ses vastes panoramas sur les vallées verdoyantes qui l'encadrent et ses Grandes Promenades, Saint-Brieuc est une ville agréable, qui mérite que l'on s'y attarde. C'est aussi une base intéressante d'excursions à la recherche de souvenirs histo-riques, de découvertes archéologiques à travers l'arrière-pays du Goëlo : manoir de Kernier, près de Plouvara, dont la chambre des Muses contient de riches sculptures; *Châtelaudren* et sa chapelle Notre-Dame-du-Tertre, dont la voûte lambrissée est ornée de 96 peintures du XVᵉ siècle, inspirées de la Bible; chapelle Notre-Dame-de-la-Cour, près du hameau de la Corderie, dans laquelle un grand vitrail flamboyant raconte en 18 tableaux la vie de la Vierge avec des personnages en costumes moyenâgeux.

Au sud de Saint-Brieuc, à l'orée du circuit des forêts du Méné, s'élève une curiosité archéologique dont on ne connaît que de rares exemples : le *camp vitrifié de Péran,* oppidum gaulois situé entre les vallées du Gouédic et de l'Urne. Un rempart de 600 m de long, large de plus de 12 m l'entoure. En 1866, des fouilles ont fait découvrir, à l'intérieur de cette enceinte, deux murs de pierre très épais, enfermant une masse vitrifiée résultant sans doute d'un incendie d'une extraordinaire violence.

dentelle de granite et blondes plages
la Côte d'Emeraude

*D*es rives du Couesnon
jusqu'à la frange dorée du Val-André,
au fil de capricieuses échancrures
et de hardis promontoires,
la côte bretonne
se fait tour à tour
sauvage et aimable,
mystérieuse et ouverte.
Les flots se fracassent
en gerbes écumantes
contre la roche rugueuse
ou s'alanguissent dans des rades
abritées de l'aigreur des vents.

◀ *Les parcs à huîtres*
et le rocher de Cancale
attirent même les Bigoudens.

Harcelée par la mer,
la sauvage pointe
du Grouin. ▼

◀ *Soulignant la courbe*
du cap d'Erquy,
la plage de Lourtoué.

*Au sommet
du grand donjon du château
flotte encore
le pavillon corsaire
◄ du XVIIIᵉ siècle.*

*La citadelle malouine ▲
retranchée derrière ses remparts
et dominée par la cathédrale
Saint-Vincent.*

*De son glorieux passé qui la vit combattre
sur toutes les mers du monde,
la vieille cité corsaire de Saint-Malo
garde plus d'un souvenir.
Énorme vaisseau de pierre qu'escortent îlots et récifs,
elle évoque les temps de la course et de la grande pêche
et fait revivre les héros qui illustrèrent son histoire.*

Majestueux ▶
et puissant,
le château
de Saint-Malo
vu du
Fort National.

Par-delà
les murailles,
la pointe
de l'îlot
du Grand-Bé
et, au loin,
l'île de Cézembre.
▶▶

*Au pied des belles demeures ▶
de la pointe de la Malouine,
la plage de l'Écluse,
orgueil de Dinard.*

*À l'abri des vents,
le petit port
▼ de Saint-Briac.*

*Large ruban ▶
serpentant
dans la verdure,
la Rance
à Port-Saint-Jean.*

Romantisme des bords de la Rance,
élégance des stations balnéaires
auxquelles fleurs et pinèdes font une belle parure,
une côte toute festonnée de plages de sable fin
baignées par une mer d'émeraude.

▲ *Le site grandiose*
du cap Fréhel
et le fort la Latte
dans le lointain.

Vigie de la mer,
le fort la Latte
a conservé
son aspect médiéval. ▶

Creusé par les eaux, brûlé par les embruns, battu par les vents,
le cap Fréhel s'est donné le large pour horizon,
et il n'est que les oiseaux pour peupler site aussi rude.
Non loin, le fort la Latte, sur son promontoire,
monte la garde depuis des siècles.

◀ *Le rocher*
de la Grande Fauconnière
résonne des cris
de milliers d'oiseaux.

Entre le cap Fréhel ▶
et Sables-d'Or,
une côte toute
de rudesse et de douceur.

▲ *L'austérité du granite
pour Saint-Malo,
cité des corsaires.*

*Cancale doit à l'ostréiculture
une notoriété fort ancienne
▼ qui n'est en rien usurpée.*

« Ce n'est pas assez dire que la Bretagne est, aux trois quarts, baignée par la mer. Elle est une création de la mer, et j'ajouterais volontiers le chef-d'œuvre d'une mer ingénieuse, d'une mer artiste... » (Anatole Le Braz). Chaos de roches taraudées par les lames, falaises abruptes, criques profondes, douceur des grèves où se découvre à marée basse un univers empli de merveilles, chevelure de noyée des champs de goémon..., la Bretagne célèbre, sur ses quelque 1 200 km de rivage, les grandes noces de la mer et de la terre. Armor, «pays devant la mer», Finistère, *Finis terrae,* «fin de la terre», les noms celtiques et latins qui jalonnent son histoire témoignent de ce particularisme géographique. C'est lui qui a donné à la Bretagne cette beauté grave, ces paysages tourmentés, qui a façonné l'âme de ses habitants, tissé leur folklore, leurs légendes. C'est lui aussi qui, aujourd'hui encore, constitue, malgré le charme de l'Arcoat, l'attrait majeur de cette péninsule.

Le long de la côte nord, ces caractéristiques s'accusent. Là se dévoile, dans toute sa puissance, le travail de la mer dont les coups de bélier ont sculpté les façades, fait éclater le roc en myriades d'écueils et d'îlots. Là se sont écrites quelques-unes des pages décisives de l'histoire de la Bretagne. Ce littoral a vu déferler, au Vᵉ siècle, des vagues d'immigrants venus du Devon, du pays de Galles et de Cornouailles, chassés de leur patrie par les invasions des Angles et des Saxons ; ainsi le pays armoricain engageait-il avec ces terres d'outre-Manche des relations qui devaient se poursuivre au cours des siècles, ... pour le meilleur et pour le pire. À maintes reprises, les Britanniques harcelèrent ses ports, portant la guerre jusque dans ses campagnes. Plus tard, les producteurs bretons de fruits et de légumes partirent à leur tour à la conquête, toute pacifique celle-là, des marchés anglais. Puis, au début de ce siècle, les touristes de Grande-Bretagne découvrirent les plages de la Côte d'Émeraude, mettant alors ses stations à la mode.

Enfin, si la majorité des ports bretons en activité se trouve aujourd'hui sur la côte sud, c'est la côte septentrionale qui longtemps arma la «grande pêche», la pêche à la morue sur les bancs de Terre-Neuve, du Labrador et du Groenland. C'est elle aussi qui s'illustra au temps de la guerre de course ou dans la conquête du monde, car elle est ouverte sur l'aventure. Assez escarpé, exposé au noroît souvent porteur de mauvais temps, ce littoral connaît certes un climat moins clément que celui de la côte sud, mieux abritée; la température y est généralement plus fraîche, et le soleil y conserve toujours une certaine modération. Les beaux jours sont pourtant nombreux et, en fait, on est loin du «temps pourri» qui, à en croire certains, submergerait à longueur d'année ces paysages ardents et sauvages qui donnent à la Bretagne l'un de ses visages les plus chers et, sans doute, les plus immédiatement sensibles au visiteur.

Du rocher de Cancale
aux remparts de Saint-Malo

L'embouchure du Couesnon fait office de poste frontière pour qui, venant de Normandie, entreprend de longer la côte bretonne de la Manche jusqu'au Val-André, au fil de ses anses et de ses promontoires rocheux. Mais c'est au-delà du «plat pays» du marais de Dol — terre conquise sur les marécages et patiemment transformée en champs fertiles et en prairies d'élevage — que commence cette portion du littoral si joliment baptisée par Eugène Herpin, écrivain malouin, «Côte d'Émeraude» en raison des reflets verdoyants des flots qui la baignent. En fait, à partir de Cancale, et plus précisément de la pointe du Grouin.

« Je suis allé bien loin admirer les scènes de la Nature, je m'aurais pu contenter de celles que m'offrait mon pays natal », écrivait Chateaubriand. Jusqu'au cap Fréhel, en effet, la nature a fait œuvre

« L'humble servante des pauvres »

Fille de marin, née à Cancale en 1792, Jeanne Jugan découvre très tôt la pauvreté dans une Bretagne bouleversée par la Révolution : le père requis « au service de la République », la mère doit seule subvenir aux besoins de ses quatre enfants. Et Jeanne est contrainte de travailler, dans une ferme d'abord, puis comme aide-cuisinière chez la vicomtesse de la Choüe. Rude existence, éclairée, en 1816, par les premiers appels de la vocation : « Dieu me veut pour lui. Il me garde pour une œuvre qui n'est pas connue, pour une œuvre qui n'est pas fondée. »

Infirmière à l'hôpital du Rosais, à Saint-Servan, la jeune fille entre à cette même époque dans le tiers ordre du Cœur de la Mère admirable. Elle y reçoit une formation spirituelle en s'imprégnant de la doctrine de saint Jean Eudes, fondateur de ce tiers ordre (XVIIᵉ s.) : « n'avoir qu'une vie, qu'un cœur, qu'une âme, qu'une volonté avec Jésus ».

La petite ville de Saint-Servan n'ayant pas d'hospice, au cours de l'hiver 1839 Jeanne héberge chez elle deux vieilles femmes démunies. Ses incomparables qualités de douceur, d'humilité et de bienveillance ne tardent pas à être connues des indigents. Et, en 1842, se crée l'association des « Servantes des pauvres », dont le règlement hospitalier s'inspire de la règle des Frères de Saint-Jean-de-Dieu. Communauté qui, deux ans plus tard, adopte le nom de « Sœurs des pauvres », tandis que Jeanne devient

▲ *Rothéneuf : statues et bas-reliefs étranges, sculptés par l'abbé Fouré à même la pierre du rivage.*

d'artiste, diversifiant les sites, alliant la pureté de l'atmosphère à une luminosité exceptionnelle, dotant cette contrée d'hivers très tempérés et d'une végétation souvent exubérante. À ces privilèges, l'histoire a joint son prestigieux apport, enchâssant villes pittoresques et châteaux imposants au milieu des rochers, au creux des baies. Aujourd'hui, c'est là terre de vacances; les vastes plages de sable fin se prêtent à tous les plaisirs de la mer, et l'arrière-pays à de longues randonnées pédestres.

Si les sources d'évasion ne manquent pas sur cette partie de la côte bretonne, la mer et la campagne mêlant leurs richesses variées pour le plus grand bonheur du touriste, place est aussi faite à la gastronomie. La fertilité du sol favorise la culture des primeurs. Les herbues de la baie du Mont-Saint-Michel et celles de la baie de la Frênaye sont le domaine des agneaux de pré salé dont les gigots sont fort appréciés. Les eaux bordières foisonnent de poissons et de crustacés. Et surtout, la Côte d'Émeraude est un paradis des fruits de mer, particulièrement

des huîtres. C'est d'ailleurs par l'un des hauts lieux de l'ostréiculture bretonne que s'ouvre notre itinéraire.

Cancale, dont le fameux rocher (en fait, trois îlots) servit d'enseigne à tant de restaurateurs (dans *les Illusions perdues,* Balzac perpétue la gloire de l'établissement parisien qui portait ce nom), maintient en effet une réputation « gourmande » fort ancienne. Ausone, poète latin du IVᵉ siècle, célébrait déjà les huîtres de sa baie, les fameuses « pied-de-cheval ». Il s'agissait alors de mollusques dragués en pleine mer, sur les bancs naturels. Cette production atteignit son apogée sous le premier Empire, puis les bancs s'épuisèrent, décimés par la maladie, et l'on ne pratique plus aujourd'hui à Cancale que l'engraissement et l'affinage en parc, à partir d'un naissain provenant du Morbihan et auquel le plancton de la baie confère une saveur particulière, très goûtée des amateurs. Mais, en dehors de ses parcs à huîtres, menu damier de près de 300 ha abrité par la pointe du Hock, Cancale présente d'autres attraits. Son site est remarquable, qu'on le découvre de la route de corniche qui domine la falaise ou, plus près de la côte, en empruntant le « sentier des douaniers » jusqu'à Port-Mer, jolie petite plage de sable nichée au fond d'une anse. De la pointe de la Chaîne, à l'entrée de la grande rade de Cancale, la vue embrasse les îlots rocheux et, à l'arrière-plan, la majestueuse pyramide du Mont-Saint-Michel.

Au nord de Cancale, la pointe du Grouin, premier des caps de la Bretagne côtière, masse granitique de 40 m de hauteur, lance son défi aux flots et aux vents. Avec sa lande rase où affleure le roc, sa grotte profondément creusée dans le flanc de la falaise, la silhouette acérée de l'île des Landes qui le prolonge, ce promontoire porte en lui tout le mystère de l'Armor, terre secrète où la douceur cède souvent le pas à l'âpreté et à la rudesse.

Au-delà, la côte se fait farouche : pointe de Meinga, pointe du Christ, pointe du Nicet, pointe de la Varde. Les échancrures se succèdent, toutes à la merci du vent de noroît. De nombreux îlots parsèment les abords du rivage. Mais, curieusement, entre la pointe Bénard et la pointe de Rothéneuf, s'ouvre un havre paisible à l'abri des vents violents; c'est, à marée haute, une nappe d'eau tranquille, appréciée des adeptes de la voile, et, à marée basse, une grève de sable doré fréquentée par les amateurs de pêche au lançon. Cerné de pinèdes et de dunes, le havre de *Rothéneuf* s'étale au pied du bourg du même nom, station balnéaire qui ne manque pas de charme.

Rothéneuf est également célèbre par son étrange « galerie » de rochers sculptés, œuvre de l'abbé Fouré qui consacra plus de vingt années de son existence à faire jaillir de la pierre de la falaise un univers fabuleux peuplé de monstres apocalyptiques, de têtes sataniques, d'animaux grimaçants, — réalisation extravagante d'un solitaire en proie au délire de la création. L'ermite de Rothéneuf,

sœur Marie de la Croix. C'est alors que chaque sœur fait vœu de pauvreté et d'hospitalité.

À Rennes, à Dinan, à Paris, à Nantes, à Besançon, à Angers, la congrégation des Petites Sœurs des pauvres essaime bientôt. Ses maisons atteignent déjà, en 1854, le nombre de 36 (pour 500 sœurs) et, en 1867, celui de 100, avant de s'installer aussi hors des frontières (Espagne, Irlande, Amérique...).

Après la mort de Jeanne (1879), la communauté ne cesse de se développer. Aujourd'hui, toujours consacrée à l'assistance des personnes âgées, pauvres et malades, elle regroupe 6 000 religieuses dans 300 maisons, réparties dans 24 pays. La maison mère est, depuis 1856, établie dans la propriété de la Tour Saint-Joseph (Ille-et-Vilaine).

Il est intéressant de se rendre à Cancale, au hameau des Petites-Croix, sur la route de Saint-Malo, et de visiter la maison natale de Jeanne Jugan; puis, de là, gagnant Saint-Servan, de s'arrêter dans « la mansarde » (rue Jean-XXIII) où naquit en 1839 la congrégation. Enfin, on peut faire étape à Saint-Pern, où la maison mère abrite, dans la crypte de la chapelle, le tombeau de Jeanne. ■

La terre natale de Chateaubriand

« Aujourd'hui, le rocher de Saint-Malo ne tient à la terre ferme que par une chaussée appelée poétiquement le Sillon. Le Sillon est assailli d'un côté par la pleine mer, de l'autre est lavé par le flux qui

▲ *L'îlot du Grand-Bé, où repose Chateaubriand, face au large et à l'île de Cézembre.*

sorte de « facteur Cheval » de la Côte d'Émeraude, a ainsi retracé, au début de ce siècle, à travers une vision très personnelle, la vie et les aventures d'une famille de pirates, les Rothéneuf, et de leurs compagnons qui écumèrent la région. Le tableau central représente la destruction de la tribu. Deux gouffres, celui de l'Enfer et celui du Paradis, encadrent cette fresque taillée dans le granite.

« Combien j'ai douce souvenance du joli lieu de ma naissance »
(Chateaubriand)

Édifiée sur un des îlots de l'estuaire de la Rance, qu'avait choisi pour retraite un saint ermite du nom d'Oaron et où s'établit ensuite un moine gallois, Malo, venu évangéliser ces rivages, elle se dresse telle qu'aux grandes heures de son histoire : Saint-Malo, cité des corsaires, Saint-Malo, cité de granite, « Saint-Malo-de-l'Isle », ainsi qu'on la surnomma longtemps. La vieille ville malouine, malmenée par tant de guerres et que les feux conjugués des armées allemande et américaine ravagèrent en 1944, est toujours debout, fidèlement ressuscitée.

Rattachée au continent par une étroite langue de terre, le Sillon, que la mer déchaînée recouvrait jadis mais qu'aujourd'hui une digue et des constructions ont transformée en avenue, la cité est, comme autrefois, repliée à l'intérieur de ses murs, construits au XIIᵉ et modifiés jusqu'au XVIIIᵉ siècle. Autour d'elle, la nature et l'homme se sont associés pour la protéger. Les îlots, semés de-ci de-là, sont autant de postes de défense qui lui permirent de « se garder elle-même »; ainsi, le Fort National, bâti par Vauban (1689) sur le rocher de l'Islet, le fort de la Conchée (1692), les ouvrages fortifiés érigés sur le Petit-Bé, sur l'île Harbour, sur celle de Cézembre et même sur l'îlot du Grand-Bé où, depuis 1848, François René de Chateaubriand dort, face au large, sous une humble dalle dominée par une croix de granite. Du côté de la terre, l'accès à la citadelle est encore commandé par le château, imposant ensemble à quatre tours reliées par des courtines; l'austérité de cet édifice, élevé par les ducs de Bretagne (1424-1519), rappelle le rôle de prison qu'il joua dans cette ville au caractère frondeur. Son donjon accueillit bien des hôtes illustres : prêtres condamnés pour faits de sorcellerie, armateurs... À l'heure actuelle, il abrite le musée de Saint-Malo, où les objets exposés font revivre les grandes époques prospères de cette « cité de la mer ». Dans l'aile gauche du château, la tour Quic-en-Groigne, qui doit son nom à la devise d'Anne de Bretagne (« Quic en groigne, ainsi sera, car tel est mon bon plaisir »), complète par son musée de cire l'évocation des phases les plus marquantes d'un glorieux passé.

Passé d'ailleurs étroitement lié à la « grande pêche » sur les bancs de Terre-Neuve : à l'heure actuelle, de modernes morutiers, véritables

usines flottantes équipées pour la surgélation des poissons, ont remplacé les trois-mâts. Mais aussi et surtout, passé indissociable de l'histoire de la « course », cette guerre que des « lettres de marque » émises par les autorités maritimes des États rendirent légale tout au long des XVIIᵉ et XVIIIᵉ siècles. Les corsaires malouins s'y illustrèrent

tourne pour entrer dans le port. [...] Pendant les heures de reflux, le port reste à sec, et à la bordure est et nord de la mer, se découvre une grève du plus beau sable. On peut faire alors le tour de mon nid paternel. Auprès et au loin sont semés des rochers, des forts, des îlots inhabités; le Fort Royal, la Conchée, Cézembre et le Grand-Bé, où sera mon tombeau; [...].

« Au bout du Sillon, planté d'un calvaire, on trouve une butte de sable au bord de la grande mer. [...] Elle est surmontée d'un vieux gibet : les piliers nous servaient à jouer aux quatre coins; nous les disputions aux oiseaux de rivage. Ce n'était cependant pas sans une sorte de terreur que nous nous arrêtions dans ce lieu.

« Là, se rencontrent aussi les *Miels*, dunes où pâturaient les moutons; à droite sont des prairies au bas de Paramé, le chemin de poste de Saint-Servan, le cimetière neuf, un calvaire et des moulins sur des buttes, comme ceux qui s'élèvent sur le tombeau d'Achille à l'entrée de l'Hellespont.

« [...] Enclos de murs de diverses époques qui se divisent en *grands* et *petits,* et sur lesquels on se promène, Saint-Malo est encore défendu par le château [...] qu'augmenta de tours, de bastions et de fossés, la duchesse Anne. Vue du dehors, la cité insulaire ressemble à une citadelle de granit.

« C'est sur la grève de la pleine mer, entre le château et le Fort-Royal, que se rassemblent les enfants, c'est là que j'ai été élevé, compagnon des flots et des vents... » ■

(Mémoires d'outre-tombe, livre premier.)

▲ *Comme au temps de la course, dans le bassin de Saint-Malo mouille un élégant quatre-mâts ... mais il est russe!*

Élevée sur une île de l'estuaire de la Rance, Saint-Malo a toujours vécu
▼ *pour la mer et grâce à elle.*

en écumant les mers, et surtout en disputant de violents combats avec les navires marchands anglais ou hollandais qui sillonnaient la Manche, au retour des Indes ou d'Amérique, arrachant à l'ennemi sacs d'épices et coffres remplis d'or. Au seul René Duguay-Trouin (1673-1736), l'un des plus fameux de ces intrépides marins, qui fut nommé lieutenant général des armées navales, l'on attribue la capture ou la destruction de quelque 350 navires de commerce et 25 corsaires ou bâtiments de guerre. Sur ses traces, Surcouf (1773-1827), auteur d'exploits tout aussi impressionnants dans l'océan Indien, notamment, et fort redouté des Anglais, devait réunir un fabuleux butin. L'armement « en course » fut à l'origine de l'édification des grandes fortunes commerciales. Certains armateurs malouins n'hésitèrent pas parfois à pratiquer, parallèlement au commerce exotique, le « négoce du bois d'ébène », la coupable traite des Noirs. Mais, si ces nombreuses expéditions (Saint-Malo en arma 157 entre 1803 et 1813) rapportèrent d'importantes rançons, le bilan des pertes humaines du côté malouin fut souvent lourd, et elles ne purent remplacer un grand commerce en voie de disparition.

Cette puissance, qui, plus d'un siècle durant, plaça Saint-Malo au premier rang de l'histoire maritime, affleure encore dans la vieille cité, même si son décor de granite et d'ardoise n'est qu'une scrupuleuse reconstitution. La cathédrale Saint-Vincent (XIIe-XVIIe s.) domine l'ensemble. Gravement endommagée par la dernière guerre, elle a retrouvé sa fine flèche de granite et s'est éclairée de superbes vitraux de Jean Le Moal et de Max Ingrand. Les hôtels des grands armateurs ont repris leur place sur le front sud des remparts, riches demeures où vécurent les « Messieurs » du commerce, promoteurs de la Compagnie de Chine et de la Compagnie de la mer du Sud. Et dans ses rues étroites, bordées de maisons hautes, sévères d'aspect et dont seules quelques-unes ont survécu à la destruction (deux logis, rue du Pélicot; la maison du Cheval-Blanc, rue Jean-de-Châtillon), rôdent toujours les ombres de ses enfants les plus célèbres : Chateaubriand, bien entendu, dont on voit une statue près du casino et la maison natale sur la place qui est devant l'entrée du château; Félicité Robert de La Mennais, écrivain et philosophe; François Joseph Victor Broussais, qui révolutionna la médecine; et tous les Malouins « gens de mer », de Jacques Cartier, qui découvrit le Canada, aux grands corsaires... « Tout cela n'est pas mal pour une enceinte qui n'égale pas celle des Tuileries », disait Chateaubriand. Certes, dans le port, doté de quatre bassins, les grands galions ont été remplacés par des chalutiers et des yachts. De même, il n'est plus à craindre, en s'attardant le soir, de rencontrer les célèbres dogues malouins qui, des siècles durant, firent « bonne et dure patrouille » sur les chemins de ronde. Intra-muros, boutiques de souvenirs et restaurants ont envahi les rues. Au pied des remparts, les plages regorgent d'estivants, et la thalassothérapie est pratiquée dans les thermes marins de Saint-Malo-Paramé. Mais une promenade au fil des courtines et des bastions de ses fortifications suffit à évoquer le passé.

Le développement incessant de l'urbanisation a fondu en une seule entité administrative *Saint-Malo, Paramé,* dont la station balnéaire

▲ L'un des plus fameux
corsaires malouins,
Surcouf.
(Arrière-plan : le Fort National.)

Au fil de ses rues étroites,
la vieille cité malouine
▼ n'attend plus que les touristes...

Au temps de la « guerre de course »

Aux XVIIe et XVIIIe siècles, flibustiers et pirates courent les mers, pillant les navires, s'appropriant sans scrupule tout butin. Les corsaires, eux, se livrent aux mêmes exactions, mais avec l'autorisation de leur souverain : munis d'une lettre de marque, ils arraisonnent les bateaux ennemis et la légitimité de leurs prises doit être ensuite reconnue par un tribunal spécial (Conseil des prises). Le but de cette « guerre de course » ? Ruiner le commerce adverse. Mais si, politiquement, elle ne fit qu'aboutir à un échec, si, économiquement, les résultats escomptés ne furent pas toujours atteints, elle contribua à de fulgurantes ascensions sociales et nous donna quelques héros, parmi les plus populaires de notre histoire.

Ainsi, deux « chevaliers de la mer » auréolèrent de leur célébrité la bonne ville de Saint-Malo ; le premier, René Duguay-Trouin, sous les règnes de Louis XIV et de Louis XV ; le second, Robert Surcouf, sous la Révolution et sous l'Empire. Duguay-Trouin (1673-1736) s'engagea à seize ans à peine sur un corsaire et, après avoir remporté une victoire au large de Bilbao, obtint le brevet de capitaine de frégate légère de la marine royale. L'audacieux marin se rendit maître de Rio de Janeiro et en revint riche d'une extraordinaire rançon, payée par les Portugais. Nommé lieutenant général, il termina sa vie en écrivant ses Mémoires. Quant à Surcouf (1773-1827), non moins légendaire, il s'illustra comme « terreur des Anglais ». Ayant refusé le grade de

s'étire le long de deux belles plages de sable fin entre Rothéneuf et Saint-Malo (la plage du casino et celle de Rochebonne), et *Saint-Servan-sur-Mer*, l'ancienne Aleth des Romains, qui arbore un air riant avec ses parcs et jardins. Le contour découpé de la côte lui a dessiné de jolies plages, dont celle de la vaste anse des Sablons, des ports bien abrités et une corniche sauvage qui, à l'entrée de l'estuaire de la Rance, offre un beau panorama sur Saint-Malo et les îles qui lui font cortège. De l'autre côté du port Saint-Père, la tour Solidor, élégant donjon trilobé construit sur une pointe rocheuse au XIVe siècle par Jean IV et restauré au XVIIe, commande l'entrée du port du même nom (autrefois port militaire). Dans cette ancienne prison a été aménagé un musée international du Cap-Hornier, qui retrace à travers maquettes, cartes marines et ustensiles divers la vie audacieuse des marins au long cours. Car Saint-Servan a, elle aussi, eu ses « hommes de mer », dont de grands corsaires, au XVIIe siècle : Alain Porée, Aimable Sauveur... C'est à Aleth que le moine Malo fonda au

VIe siècle une première communauté chrétienne, transférée ensuite sur l'île voisine, plus facile à défendre contre les attaques des Normands, où naquit Saint-Malo. Mais si la vieille cité n'affiche plus sa fière devise : « Ni Français ni Breton : Malouin suis », elle n'en demeure pas moins une ville à part, une perle sertie dans le collier du littoral.

La première-née des stations bretonnes : Dinard

Face à Saint-Malo et à Saint-Servan, sur la rive gauche de la Rance, un petit village de pêcheurs dépendant de Saint-Énogat est devenu à la Belle Époque, et en grande partie par les soins des touristes britanniques, la première station balnéaire de Bretagne : *Dinard-la-Belle*. Elle a épousé les contours d'une côte déchiquetée : des caps rocheux sur lesquels se sont installées de somptueuses villas enfouies dans la végétation (pointe des Étêtés, pointe de la Malouine, pointe du Moulinet, pointe de la Vicomté) ; et, entre ces promontoires, trois anses plus encaissées que les autres, occupées par des eaux calmes et festonnées de plages.

Au nord-ouest, la plage de Saint-Énogat, encadrée de rochers escarpés, est moins bien protégée des vents et, de ce fait, moins fréquentée que les deux autres, notamment la plage de l'Écluse, qui étire son parfait hémicycle à l'abri des vents d'ouest et de noroît au-dessous des terrasses fleuries. Son sable fin et dur, sa pente douce ont attiré à elle l'essentiel de l'équipement balnéaire et de la vie de la station. Des rangées de cabines la bordent. Un large bassin d'eau de mer (360 m²) permet la baignade à marée basse, lorsque les flots régressent à plus de 500 m. Enfin, le casino s'y est implanté. Et derrière lui s'étale la petite ville, avec ses hôtels luxueux, ses boutiques raffinées. Quant à la plage du Prieuré (du nom d'un ancien couvent), plus au sud, elle occupe une superbe situation à l'embouchure de la Rance ; blottie au creux de la verdure, fort bien abritée, elle est goûtée des estivants qui recherchent moins la mondanité que les vrais plaisirs de la mer.

L'humidité du climat, la fréquence de l'ensoleillement, le tracé du rivage qui fait obstacle au vent du large ont apporté à Dinard une note presque méditerranéenne. Rien, toutefois, de l'exubérance méridionale. La poésie de l'Armor l'habille de discrétion et de douceur. Camélias et mimosas, rosiers et tamaris fleurissent ses parcs et ses promenades. Celles-ci longent les sinuosités de la côte et offrent de splendides points de vue sur la haute mer, sur Saint-Malo et l'estuaire de la Rance : promenade du Clair-de-Lune avec ses « jardins suspendus », chemin de ronde au milieu des hêtres et des pins qui boisent la pointe de la Vicomté... Sur 3 km, le long des plages, des

capitaine de vaisseau offert par Bonaparte, il arma ses propres navires et fit subir au commerce britannique de terribles pertes. Ses prises colossales lui permirent de devenir, après la chute de l'Empire, l'un des plus riches armateurs de France.

Étonnantes épopées de la mer, dans lesquelles le cinéma trouva une ample source d'inspiration ! ■

Tout un univers insulaire

Situées à 22 km de Saint-Malo et, par avion, à quelques minutes de Dinard, les *îles Anglo-Normandes* allient à l'agrément de leurs plages sablonneuses, réchauffées par le Gulf Stream, le charme de sites sauvages encore préservés et le dépaysement d'un mode de vie marqué au sceau de la Grande-Bretagne. Rien d'étonnant à ce que les Britanniques aient fait de cet archipel au climat doux, à la végétation fréquemment luxuriante, l'un de leurs lieux de villégiature favoris.

Jersey, la plus grande et la plus méridionale de ces îles, envahie de fleurs, de plantes et d'arbres exotiques, apparaît comme une oasis portée par les flots. Elle dresse au nord d'abruptes falaises et étire au sud, dans la baie de Saint-Aubin, de belles plages de sable fin. Là, cerné de collines mauves, le port de Saint-Hélier, capitale de l'île et siège du bailliage avec ses magasins, ses hôtels, ses restaurants.

À quelque 25 km au nord-ouest de Jersey, « des pointes, des caps rugueux en éperons, qui brassent →

▲ *À portée des plaisanciers de Dinard, le massif château de Mont-Orgueil, dans l'île de Jersey.*

À des villas luxueuses, à un cadre fleuri, Dinard ajoute toutes
▼ *les séductions de la mer.*

digues ont été réalisées dès le début du siècle pour préserver le littoral des constructions malencontreuses et donner au promeneur la possibilité de jouir des plus beaux sites.

Élégante station, la plus « chic » de Bretagne après La Baule, Dinard n'est plus, comme dans les années 20, le rendez-vous estival de la seule *gentry* britannique. Sa clientèle s'est élargie, de même que son visage a changé. Elle conserve encore maints témoignages de ses origines : villas et constructions marquées du goût de l'époque pour l'exotisme, pour le « gothique ». Mais des réalisations modernes s'y substituent progressivement, de nouveaux quartiers s'édifient, tel celui de la Vicomté, qui marquent une nouvelle étape du développement de la ville. Un aéroport, l'un des plus actifs de France, a été ouvert à proximité et de nombreux équipements de loisirs sont mis à la disposition des touristes, tel le musée de la Mer avec son aquarium consacré aux mystères de la faune marine et au souvenir des expéditions océaniques du commandant Charcot.

La Rance et les malouinières

« Je ne connais rien de plus beau que la rade de Saint-Malo et l'entrée de la Rance », affirmait Charcot. L'embouchure de cette rivière constitue, en effet, l'un des plus beaux abers de la Bretagne du Nord, et le plus long assurément.

De Dinard à Saint-Malo, par la route ou en bateau, la visite de la ria de la Rance s'impose. La rivière baigne, tout au fond de son échancrure, la vieille ville de Dinan (la marée se faisait autrefois sentir jusqu'à près de 20 km à l'intérieur des terres). L'arrière-pays verdoyant de la Côte d'Émeraude se profile de part et d'autre de ses rives où s'égrènent de jolis villages : La Richardais, la Passagère, la Landriais, Plouër-sur-Rance, Saint-Suliac, Mordreuc, La Vicomté-sur-Rance... En son temps, Chateaubriand, chantre de la région de Saint-Malo, en avait perçu tous les charmes, dont il rendit un si juste écho dans ses *Mémoires d'outre-tombe* : « Les bords de la Rance, en

rudement le flot; entre eux d'étroits morceaux de sable » (Roger Vercel). Telle apparaît au voyageur *Guernesey*, île verte, colorée de camélias, hérissée de clochers (chaque petit village s'enorgueillit de son église). Au nord-est, Port-Saint-Pierre abrite Hauteville-House, étrange maison où Victor Hugo demeura jusqu'à la chute de l'Empire. C'est de là que l'exilé contemplait l'horizon.

Non loin de Guernesey, d'autres havres de calme et de beauté : l'île d'*Aurigny* (Alderney), plus proche de la presqu'île du Cotentin avec la petite ville de Sainte-Anne, aux vieilles rues pavées, pleines de charme; *Herm*, falaise jaillissant de la mer; et surtout *Sercq* (Sark) qui s'étend sur 515 ha. A 20 miles de Jersey et 8 de Guernesey, cette île,

longtemps réputée inaccessible, fut la patrie de moines et de corsaires, tel Eustache le Moine, religieux défroqué et corsaire de Jean sans Terre. Ses escarpements et ses brisants contraignent les marins à de périlleuses manœuvres et ne laissent pas soupçonner l'existence d'une campagne plate. Ici, comme dans les autres îles Anglo-Normandes, dans ce minuscule État, dépendant du bailliage de Guernesey et rattaché à la couronne d'Angleterre, les noms des villages rappellent la France, et le patois parlé par les habitants surprend car mots normands et mots anglais s'y mêlent. ■

La mer et le progrès

La côte nord de la Bretagne est l'une de ces régions du globe où

l'amplitude des marées est la plus forte : jusqu'à 13,50 m de dénivellation aux eaux vives dans l'estuaire de la Rance. C'est ce qui motiva la construction d'une centrale marémotrice, la première du monde. La longue digue de l'usine marémotrice s'inscrit sans heurt dans le paysage, et elle offre l'appréciable avantage de raccourcir notablement la liaison routière Dinard - Saint-Malo. Un balcon situé sur la digue permet une vue générale de la salle des machines, tandis qu'une série de tableaux lumineux et de dioramas accompagnés d'un commentaire sonore décrivent le fonctionnement de l'usine : le barrage laisse passer le flot montant dont il emprisonne ensuite les eaux pour les déverser sur vingt-quatre turbines quand la mer est basse ou inversement. Les quelques mètres

de dénivellation suffisent à créer une énorme énergie, tant est imposante la masse des eaux. L'utilisation de la force motrice des marées n'est d'ailleurs pas nouvelle. Elle servait, déjà au XIIe siècle, à faire tourner les moulins à aubes construits sur les rives de la Rance, grâce à un système de bassins de retenue se vidant au reflux.

Au terme de longs travaux, entrepris en janvier 1961, l'usine de la Rance entra totalement en service à la fin de 1967. Depuis, sa production d'énergie n'a cessé de croître : 600 millions de kilowatts-heures en 1973. L'usine proprement dite renferme, dans une vaste salle de 390 m de long, 24 « groupes-bulbes » qui fonctionnent dans le sens bassin-mer lorsque la mer se retire et dans le sens mer-bassin lorsque monte la marée.

Le petit port animé d'Erquy, haut lieu de la praire
▼ *et de la coquille Saint-Jacques.*

remontant cette rivière depuis son embouchure jusqu'à Dinan, mériteraient seuls d'attirer le voyageur; mélange continuel de rochers et de verdure, de grèves et de forêts, de criques et de hameaux, d'antiques manoirs de la Bretagne féodale et d'habitations modernes de la Bretagne commerçante. Celles-ci ont été construites en un temps où les négociants de Saint-Malo étaient si riches que, dans leurs jours de goguettes, ils fricassaient des piastres et les jetaient toutes bouillantes au peuple par les fenêtres. Ces habitations sont d'un grand luxe; Bonaban, château de MM. de Lasaudre, est en partie de marbre apporté de Gênes, magnificence dont nous n'avons pas même l'idée à Paris. La Briantais, le Bosc, Mont-Marin, la Balue, le Colombier sont ou étaient ornés d'orangeries, d'eaux jaillissantes et de statues. Quelquefois les jardins descendent en pente au rivage; derrière les arcades d'un portique de tilleuls, à travers une colonnade de pins, au bout d'une pelouse, par-dessus les tulipes d'un parterre, la mer présente ses vaisseaux, son calme et ses tempêtes. »

Ici, malouinières aux toits escarpés, surmontés de hautes cheminées, châteaux, manoirs, tel celui de la Bellière, propriété de Tiphaine Raguenel, première femme de Du Guesclin, bourgs pittoresques blottis derrière des rideaux d'arbres. Là, barrant l'estuaire au ras de l'eau, entre les pointes de la Briantais (rive droite) et de la Brebis (rive gauche), le fameux barrage, symbole de notre époque. Et, tout au fond de l'estuaire de la Rance, plaque tournante de l'arrière-pays, installée sur un plateau dominant de 75 m la rivière et dotée d'un petit port où ne s'amarrent plus guère que les vedettes de promenade et quelques petits voiliers, *Dinan*. Cette ville, qui autrefois joua un rôle fort actif dans la vie économique de la Bretagne, est devenue l'un des grands centres touristiques des Côtes-du-Nord. Ses alentours foisonnent de sites et de monuments. Des étangs, de petites forêts émaillent ce paysage calme de la Bretagne intérieure.

La litanie des saints bretons, de Dinard au cap Fréhel

Tout au long de la Côte d'Émeraude, le littoral taillé à vif, hérissé de caps déchiquetés, creusé de baies profondes, de criques ourlées de sable blond, déploie un superbe décor. Le tourisme balnéaire y dispose de nombre de stations agréables, très animées. Celles-ci ont souvent pris le nom des moines celtiques débarqués sur ces rivages à partir du Ve siècle et devenus des saints bretons.

Saint-Lunaire s'étire sur un promontoire de granite se terminant abruptement par la pointe du Décollé, surmontée d'un vieux sémaphore et prolongée vers le large par deux îlots. De cette avancée, la vue embrasse toute la Côte d'Émeraude, de Paramé au cap Fréhel.

Ses plages, son climat extrêmement doux, sa végétation quasi méditerranéenne donnent à la station un aspect riant. *Saint-Briac-sur-Mer*, autrefois village de pêcheurs, doit en partie sa vogue aux peintres qui le découvrirent et y apprécièrent la succession de petites baies au bord desquelles s'étaient nichées des maisons, gaies et fleuries, des plages en pente douce et le ciel et la mer aux mille nuances. Dans le cadre d'une côte au relief fort tourmenté, qui offre une vue étendue sur les horizons marins alentour, barrés à l'ouest par le rempart du cap Fréhel, Saint-Briac joint aux distractions de la mer (pêche de crustacés, de lançons, voile et régates) les plaisirs du golf, avec l'un des plus beaux terrains de France (18 trous, 60 ha), aménagé sur une presqu'île. Au sommet du tertre Girault, dominant la corniche et l'embouchure du Frémur, un calvaire, la Croix des marins, s'élève sur les débris d'un ancien dolmen. Selon la légende, des danses se déroulaient autour de ce mégalithe, auxquelles le diable voulut un jour prendre part. Chassé par l'intervention du recteur, il se

Reliant l'usine à la rive gauche de la rivière, une écluse permet la navigation; il faut toutefois, pour la franchir, que le niveau de la mer et que celui du bassin dépassent 4 m. Entre l'usine et la rive droite, une digue (175 m), appuyée sur l'îlot de Chalibert, assure la transition avec le pont mobile (115 m), qui laisse passer les bateaux mâtés grâce à ses 6 pertuis de vannage.

On a peine, en contemplant ce superbe ouvrage, à s'imaginer les difficultés que l'homme a dû surmonter pour parvenir à un tel résultat. Il fallut d'abord déblayer quelque 400 000 m³ de terre; on utilisa ensuite 350 000 m³ de béton, 15 000 t d'acier et 350 000 m³ de coffrages...

Nombreux sont ceux qui, chaque année, viennent visiter cette gigantesque centrale. ■

▲ *La tour Solidor à Saint-Servan. À l'arrière-plan, la digue de l'usine marémotrice de la Rance.*

→

Une « tour à feu » pas comme les autres

Sur le promontoire du cap Fréhel, les armateurs malouins avaient installé un fanal signalant aux bateaux les dangers de la côte. En 1695, une « tour à feu » lui succéda, entretenue aux « coûts et dépens » des armateurs, jusqu'à ce qu'un arrêté frappât d'un droit de deux sols tout navire entrant dans un port du littoral, de Granville à Saint-Brieuc. Et, selon un dicton de l'époque, les marins étaient relevés du serment de fidélité envers leurs épouses dès qu'ils avaient dépassé la lanterne de Fréhel. L'histoire ne dit toutefois pas si la présence d'un phare tournant a renforcé les partisans d'une fidélité à éclipses...

Aujourd'hui, à côté des vestiges de l'ancien phare

Façonné par les assauts furieux de la mer,
▼ *le promontoire du cap Fréhel.*

cramponna désespérément à la corniche, d'où ces étranges petites cavités creusées dans le granite et qui ne seraient autre chose que la marque de ses griffes.

Les stations se suivent, chacune dotée d'un charme propre. *Lancieux*, installée sur une gracieuse presqu'île ceinturée de petits îlots, entre l'estuaire du Frémur et la baie de la Beaussaie (nous sommes là dans le pays de saint Brieuc, moine irlandais qui évangélisa la région au VIᵉ siècle), possède une vaste plage de sable fin, protégée par un double mur de rochers; mais les lieux paisibles et abrités sont ici nombreux. Et il suffit de s'enfoncer à peine dans l'arrière-pays pour retrouver la campagne bretonne, ses petits chemins bordés de fougère et ombragés par les ormes. *Saint-Jacut-de-la-Mer* a choisi une étroite langue de terre bordée de falaises, face à l'île des Hébihens (lieu de prédilection de la pêche à pied, aux crabes et aux bigorneaux). De l'autre côté de la baie de l'Arguenon, *Saint-Cast-le-Guildo*, avec ses deux grandes plages de sable, son port de pêche très actif et son

centre nautique, l'un des plus importants de France. Dans le vieux bourg de Saint-Cast, en retrait des plages, une colonne, où figure un lévrier breton terrassant un léopard, rappelle la défaite infligée ici en 1758 à une armée anglaise venue attaquer Saint-Malo. À l'extrémité de la pointe de l'Isle qui, avec celle de la Garde, encadre une large anse de 2 km où la plage s'abrite des vents dominants, se dresse aussi, non loin du sémaphore et de la table d'orientation, un monument, dédié, celui-ci, à la mémoire des résistants évadés de France, « qui préférèrent mourir debout que vivre à genoux ».

Le paradis des oiseaux : le cap Fréhel

Des falaises rouges, teintées de gris et de noir, où schistes et grès sont striés de filons de porphyre, un à-pic de plus de 70 m au-dessus de la mer, un tapis d'ajoncs et de bruyère accrochés à la rocaille, le ballet interminable des grands oiseaux marins, un panorama presque infini (il s'étend, par temps clair, de la pointe du Grouin à l'île de Bréhat, et au maximum de la visibilité on découvre les îles Anglo-Normandes), le cap Fréhel est l'un des sites les plus imposants d'une terre riche en beautés naturelles. Au terme d'une petite route donnant accès au phare qui dresse sa silhouette à 30 m de hauteur, des sentiers escarpés, parfois très impressionnants, permettent de gagner sa pointe extrême qui domine l'inaccessible îlot de la Grande Fauconnière, gigantesque pilier rocheux battu par les flots et peuplé de colonies d'oiseaux : goélands argentés, fulmars, pingouins torda,

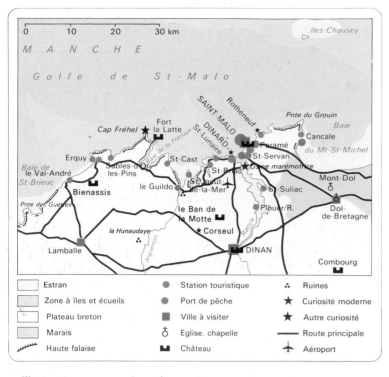

Estran	Station touristique
Zone à îles et écueils	Port de pêche
Plateau breton	Ville à visiter
Marais	Eglise, chapelle
Haute falaise	Château

Ruines · Curiosité moderne · Autre curiosité · Route principale · Aéroport

abandonné, s'élève un phare moderne, haut de 29 m et d'une portée de 23 milles (plus de 50 km). De la galerie qui entoure la lanterne, la vue embrasse l'horizon presque à l'infini : les îles Chausey et l'ensemble des écueils des Minquiers, au nord; le littoral normand, à l'est; la baie de Saint-Brieuc et la côte jusqu'à Paimpol, ainsi que l'île de Bréhat, à l'ouest. ■

La « bouillabaisse » bretonne

La Bretagne est le paradis des ichtyophages, des piscivores, des ostréivores et des conchyliophages ou, si l'on préfère parler plus simplement, des amateurs de poissons, fruits de mer, huîtres et coquillages. La recette du homard à l'armoricaine, injustement devenue « à l'américaine », est bien connue.

Celle de la *cotriade,* la « bouillabaisse bretonne », est moins courante et sans doute moins facile à réaliser si l'on en croit Curnonsky : « Au fond d'une barque de pêche vous disposez trois pierres plates sur lesquelles vous préparez un feu, cependant qu'un mousse arrose les planches pour que le bateau ne brûle pas. Au-dessus du feu, vous placez une chaudière qui doit se maintenir en équilibre instable… Ensuite vous pouvez mettre pêle-mêle des congres, tacots, vieux, vieilles, « petits-prêtres ». On peut heureusement l'exécuter de façon plus pratique. Et le résultat est tout aussi satisfaisant.

Les poissons de rivière — saumons, brochets, perches, anguilles, et surtout truites dans les Côtes-du-Nord — figurent en bonne place sur la table bretonne. ■

guillemots, cormorans huppés au plumage noir moiré de reflets verts, mouettes tridactyles qui ne fréquentent le rivage qu'à l'époque de la nidification. Cette zone a été décrétée réserve naturelle et la Société pour l'étude et la protection de la nature en Bretagne en assure la préservation.

Une visite à ce puissant bastion forgé par la nature, l'un des plus grandioses des côtes bretonnes, ne peut que s'accompagner d'un détour par le *fort la Latte,* édifié sur un promontoire à l'est du cap Fréhel, dont il est séparé par les superbes falaises de l'anse des Sévignés. Il embrasse au sud la baie de la Frênaye et, au-delà, à l'est, celle de Saint-Malo. Cette vaste forteresse rectangulaire, flanquée de grosses tours (dont celle de l'Échauguette, du XVe s., qu'on peut visiter) et surmontée d'un important donjon, est l'antique demeure des Goyon-Matignon (XIIIe-XIVe s.). Bien que Vauban y ait apporté quelques modifications, la citadelle a conservé son aspect médiéval; on y accède encore par deux ponts-levis successifs enjambant les failles du rocher. Étonnante sentinelle dominant la mer, elle a souvent séduit les cinéastes par le pittoresque de son cadre (*les Vikings,* de Richard Fleischer). Se dresse auprès du fort un petit mégalithe, dont on raconte qu'il marquerait l'emplacement de la tombe de Gargantua, ou plus exactement de sa tête, les pieds du géant reposant à Saint-Suliac, distante d'environ 25 km!

Au-delà du cap Fréhel commence un monde nouveau. La côte cesse brusquement d'être déchiquetée et s'adoucit en une vaste échancrure aux courbes successives. La baie de Saint-Brieuc est festonnée de plages abritées au bord desquelles se sont établies des stations de villégiature estivale. C'est par *Sables-d'Or-les-Pins,* dont le seul nom

plante le décor, que s'ouvre le grand V dessiné par la baie. Blotti à l'abri des hautes falaises du cap d'Erquy, le petit bourg du même nom est un port de pêche très actif. Au large, parmi écueils et récifs, on drague les coquilles Saint-Jacques et surtout les praires, auxquelles *Erquy* doit sa renommée. La station proprement dite est paisible, fréquentée surtout par des familles. Tout y respire la douceur d'un climat qui permet aux fuchsias, aux mimosas, aux camélias et aux lauriers-roses de s'épanouir. Les villas, éparpillées au milieu de la verdure et des fleurs, n'ont rien d'insolent, pas plus que les hôtels, auxquels les estivants préfèrent souvent le camping. Le cap d'Erquy, qui protège des vents les immenses plages de sable, ajoute le rouge de son grès à un paysage qui retrouve l'âpreté bretonne dans les sculptures des falaises et dans la solitude des îlots habités par les goélands. *Le Val-André* étire sur 2 km une plage magnifique entre la pointe de Pléneuf et celle des Murs-Blancs. À proximité de cette station, le port de *Dahouët* n'a plus l'animation du temps où le commerce du grain et la pêche à la morue représentaient l'essentiel de ses activités. Pourtant, aujourd'hui, il semble retrouver un nouvel essor et voit accoster les bateaux du Marché commun. Plus loin, *Hillion* et *Lermot,* sis sur la pointe des Guettes, ont su garder leur caractère de villages bretons.

Le souvenir de grands seigneurs

À une vingtaine de kilomètres de cette côte, à l'intérieur, une petite ville dont le nom évoque le souvenir d'une jeune duchesse massacrée sous la Révolution : *Lamballe.* Il ne nous est guère parvenu de témoignages sur le passé héroïque de l'ancienne capitale du comté de Penthièvre, hormis quelques vestiges des remparts. Lamballe fut pourtant le théâtre de furieux combats lors des guerres de la Ligue, et le fameux capitaine de La Noue, le « Bayard huguenot », dit aussi « Bras de Fer » en raison de son bras artificiel, trouva la mort devant ses murailles en l'an 1591. Du château de Penthièvre, rasé au XVIIe siècle par ordre de Richelieu, ne subsiste que l'ancienne chapelle, devenue collégiale Notre-Dame, qui enferme quelques tombeaux. Lamballe est désormais une cité paisible, au cœur d'une région d'élevage, une ville de foires et de marchés, et son « haras national » (le deuxième du pays) entretient plus de 150 étalons.

À une dizaine de kilomètres à l'est de Lamballe, la forêt de la Hunaudaye abrite les ruines majestueuses du château des seigneurs de Tournemine. La vieille demeure, édifiée sur l'emplacement d'un premier château du XIIe siècle, a été en grande partie détruite en 1795. Mais les pierres encore debout, les cinq tours dressées aux angles témoignent de la grandeur passée.

▲ Sur 2 km de sable,
le Val-André :
tout le charme
de la Côte d'Émeraude.

îles bretonnes

figures de proue de la France

◄◄ *Au large
de Ploumanac'h,
les Sept-Îles,
paradis des oiseaux.*

$\mathcal{D}$es îles qui font cortège
à la côte bretonne,
secrètes et dotées de charmes divers,
Bréhat est l'une des plus riantes.
La nature y a dessiné un fort beau jardin,
une oasis de la mer
que peintres, poètes et écrivains
découvrirent bien avant les touristes...

◄ *Les maisons de granite,
nichées dans la verdure,
dominent un mouillage
au sud de l'île.*

*Ciel breton,
paysage en demi-teintes,
la côte de Bréhat,
au nord de la Chambre.* ▼

L'un des calmes bassins
◀◀ du port du Palais.

Les étranges pyramides ▲
des aiguilles de Port-Coton.

Moutons de prés salés
et petites maisons chaulées :
◀ une paisible campagne.

Quittant la terre d'Armorique, de blanches fées
mêlèrent à leurs larmes les fleurs parfumées de leurs couronnes
et la mer se parsema d'îles... c'est ainsi que naquit Belle-Île.
Dans un cadre de rochers et de verdure,
de rivages déchiquetés, de grottes mystérieuses
et de pâturages arrosés d'embruns,
se sont installés hameaux, ports et citadelle.

*Lampaul,
capitale de l'île,
vit dans le souvenir
des «péris en mer».*

*Des abords semés de courants violents,
une brume tenace qui masque les récifs,
un vent fougueux qui projette les flots déchaînés sur des côtes déchiquetées,
telle apparaît Ouessant, île sauvage, rude et solitaire,
peut-être la plus bretonne des îles.*

*Face à la lande
où croissent ajoncs
et bruyère cendrée,
l'île de Keller
est peuplée d'oiseaux.*

6. Îles bretonnes

Plate et nue, aussi exposée aux vents qu'aux flots,
à la merci d'un raz de marée,
l'île de Sein est restée longtemps isolée.
Elle conserve aujourd'hui encore ses traditions
et, tandis que les hommes partent en mer,
commence l'attente inquiète des femmes...

▲ *« Cette petite
chose plate,
ce récif maigre
et venteux »*
(H. Queffélec).

Sein : ▶
*les maisons du bourg
et le phare de Men-Brial
face à l'Océan.*

◀ *Les hommes naviguent,
les femmes travaillent
à la terre.*

Îles bretonnes. 9

▲ À l'ouest d'Ouessant,
la pointe de Pern encombrée
de récifs où se brise la houle.

*D*es mers brumeuses semblables à du lait, des îles peuplées d'oiseaux qui chantent à leurs heures et qui, prenant leur volée tous ensemble, obscurcissent le ciel » (Ernest Renan). L'ignorerait-on, qu'un simple coup d'œil sur une carte suffirait pour s'en rendre compte : tout au long des côtes bretonnes s'égrènent d'innombrables rochers de toutes tailles, que vents et tempêtes tiennent à leur merci. Îles qui émergent anarchiquement des flots, à portée de vue sinon de voix, terres semblant voguer à la dérive vers le large, roches qui affleurent à la surface des eaux, dangereusement éparpillées. Il y en a ainsi des milliers qui, du nord au sud, font escorte à la péninsule armoricaine, à cette province bretonne qui pousse insolemment son nez dans l'Océan.

S'agit-il de récifs, d'îles, d'îlots? On pourrait se demander combien il faut de mètres carrés pour qu'un récif devienne îlot, au-delà de quelle superficie un îlot accède au rang d'île. Le problème est d'autant plus délicat que certains îlots furent habités et que des îles demeurèrent longtemps désertes! Une multitude de terres donc, à la fois rudes et douces, ayant un point commun : l'isolement (encore que pour certaines d'entre elles celui-ci soit devenu très relatif). Mais pour le reste, tout le reste, que de différences!

Il serait en effet vain de vouloir comparer Sein à Bréhat, Molène à Groix, et même Belle-Île à Houat sa voisine.

À chaque île sa personnalité, son caractère propre. Ici, des lambeaux de terre dénudés que cernent écueils et courants meurtriers; là, des plateaux marins parés d'une végétation riante. Ici, des paysages d'une angoissante sévérité; là, des sites qui font oublier que l'on est sur le rude sol breton. Et partout, la mer, tour à tour protectrice et assiégeante. Partout, la lumière, jouant avec les demi-teintes, exaspérant certaines couleurs, en atténuant d'autres au gré du soleil et de la brume.

Cette diversité d'aspect a pu étonner et ravir les grands voyageurs des siècles passés : ils s'aventuraient sur ces îles comme sur des planètes lointaines, peuplées d'êtres étranges aux mœurs singulières. Des mœurs qui en fait varient, même si tous les îliens parlent une langue identique, ou presque. Le sol et la mer, ici intimement liés, façonnent les hommes qui, à leur tour, fabriquent leurs mythes. Constamment menacés dans leur existence, Ouessantins et Sénans se sont forgé un univers de légendes où la mort, les âmes des trépassés, les sorcières qui font lever les tempêtes jouent un rôle de choix. Les Bréhatins, privilégiés par leurs rochers roses et leurs fleurs, n'ont pas eu à lutter pour leur survie; aussi rêvent-ils de découvertes, d'évasions. Quant aux Bellîlois, dans leur grande île, ils font montre d'un tempérament presque continental. Mais les temps ont changé. S'ils gardent encore beaucoup de leurs traditions, tous ces insulaires ne sont plus isolés comme autrefois. Et le monde va vers eux.

Le monde, c'est surtout les millions de touristes qui, chaque année, se ruent vers la mer. De la côte grouillante, les îles bretonnes apparaissent alors, là, tout près, à quelques minutes, à moins de deux heures de bateau (pour la plus éloignée), comme des thébaïdes. Tentantes certes. D'autant qu'elles permettent les activités les plus diverses, de la voile à la pêche, du camping sauvage ou non à la cure marine, de l'archéologie à la gastronomie, de la natation à la simple promenade.

La « Capri atlantique » : Bréhat

Sertie dans une mer lumineuse constellée d'une poussière d'îlots, à quelque 6 km au nord-est de Paimpol et seulement 2 km de la pointe de l'Arcouest, *Bréhat* est faite de deux îles jumelles reliées par un isthme. Ses dimensions n'en sont pas moins modestes : 3,5 km de long pour 1,5 dans sa partie la plus large. La côte, très découpée et par endroits littéralement déchiquetée, est formée de rochers de granite rose dont la chaude couleur tranche sur le bleu profond des eaux. Au nord, elle s'ouvre sur le large, offrant ses contours à l'impétuosité des vents et au martèlement des flots. Les oiseaux habitent les rochers frangés d'écume. Il n'est que les broussailles pour s'accommoder d'une telle âpreté. Quelques moutons pâturent l'herbe salée. De rares maisons parsèment ce désert. Mais, plus que ce visage très breton que l'on découvre admirablement du haut du phare du Paon, ce sont ses fleurs et ses bosquets odoriférants, la douceur de ses vallons et le calme de ses anses qui contribuent à la beauté de Bréhat. Et l'île n'a pas usurpé le surnom de « Capri atlantique » qu'on s'accorde à lui donner. En effet, hors la rudesse des horizons de la Côte Sauvage, le paysage est aimable : un lacis de petits chemins, des maisons basses avec le vent du nord dans le dos, de modestes jardins que protègent des murets de pierres sèches, des criques et des plages paisibles, tout un univers auquel sont venus se joindre — reflet de l'inévitable invasion touristique — villas, parcs et hôtels. Qui dit que le littoral nord de la Bretagne est sévère et frais n'a pas vu Bréhat, car curieusement l'île s'est attiré les faveurs du ciel qui, pourtant, a peu d'égards pour le continent tout proche. Les pluies l'épargnent, l'hiver s'y montre sans rigueur (6 °C en moyenne). Conséquence de cette indulgence : une végétation luxuriante. Plantes et arbustes méditerranéens se plaisent sur le sol bréhatin; mûriers, figuiers, eucalyptus, mimosas, aloès, palmiers, lauriers-roses, géraniums, cistes viennent se mêler aux tamaris, aux cinéraires, aux pins sylvestres. La nature a dessiné là un fort beau jardin.

Les peintres impressionnistes la découvrirent, puis poètes et écrivains, comme Edmond Haraucourt qui posséda, près du phare du

Des oiseaux par milliers

Au large de Ploumanac'h, un petit archipel mérite une attention particulière. Il s'agit des *Sept-Îles*, véritable sanctuaire d'oiseaux : l'île aux Moines, plateau de landes où vint s'établir, au Moyen Âge, un couvent de cordeliers; l'île Bono, fortifiée; les écueils des Costans et des Cerfs; l'île Plate; enfin, et surtout, les îles Rouzic et Malban.

Depuis 1913, ces terres constituent une importante réserve ornithologique (réserve Albert-Chappellier) placée sous le contrôle de la Ligue pour la protection des oiseaux.

Dans ces îles, est-il besoin de le préciser, la chasse est interdite, et, hormis pour l'île aux Moines, il est défendu de débarquer sans autorisation spéciale. Elles abritent ➞

▲ *Oiseau marin au plumage immaculé,*
le fou de Bassan vit en colonie
dans la réserve des Sept-Îles.

La côte de Bréhat,
aux contours capricieux,
▼ *offre de beaux mouillages.*

Paon, une propriété dont il fit don à l'Université de Paris. Et enfin, les touristes, en flots croissants. Bréhat fut habitée très tôt, ainsi que l'attestent des vestiges préhistoriques et gallo-romains. Au Moyen Âge, l'île, alors châtellenie du comté de Penthièvre, s'enorgueillissait d'un château fort, à présent disparu. Mais ce dont les Bréhatins de

souche sont surtout fiers, aujourd'hui, c'est, autant que de leur petit paradis floral, de la longue lignée de hardis navigateurs et de corsaires intrépides, tels Le Brujon, Savidan, Poirier, Froger, Corouge, Fleury et l'amiral Cornic, dont ils descendent. Ne dit-on pas que, dès le XVe siècle, les marins de l'île, qui ancraient leurs embarcations dans

d'innombrables espèces, communes ou rares : pingouins, guillemots, mouettes, cormorans huppés, goélands, pétrels, sternes, macareux moines…, et le fou de Bassan y a établi son principal foyer de nidification. ■

Batz, l'« île du Bâton »

Si les eaux l'isolent aujourd'hui complètement, l'*île de Batz,* large d'à peine 1 km et longue de 4, fut jadis rattachée au continent. De Roscoff, qui lui fait face, on pouvait, à l'époque de Charlemagne, s'y rendre à pied. Cette promenade reste encore possible à marée basse : un détroit de 1 km seulement la sépare du littoral. Mais les courants sont parfois violents, et il est préférable d'emprunter les vedettes qui, contournant de pittoresques rochers, y mènent en une quinzaine de minutes.

Batz (à ne pas confondre avec le bourg de Batz-sur-Mer, proche du Croisic) doit se prononcer « Ba », et il conviendrait d'écrire Baz qui, en breton, signifie « bâton ». Car c'est avec un bâton que saint Pol, venu du pays de Galles vers 530 pour y fonder un monastère, fit jaillir une source d'eau potable. C'est avec ce même bâton que le saint roua de coups un affreux dragon local, grand dévoreur d'hommes et d'animaux domestiques. Ainsi le veut la tradition, qui précise que saint Pol eut raison du redoutable monstre en lui passant son étole autour du cou : usant de l'ornement sacré comme d'une laisse, il entraîna la bête domptée vers la côte nord-ouest de

▲ *Batz a oublié le dragon qui jadis la ravagea, et son port sommeille à marée basse.*

la belle baie de la Corderie, poussaient parfois leurs explorations jusqu'aux côtes de Terre-Neuve et du Labrador? Le capitaine Coutanlen, qui séjournait à Lisbonne vers 1484, passe même pour avoir confié à Christophe Colomb quelques renseignements indispensables concernant la route du Nouveau Monde. De cette intense activité maritime, Bréhat ne conserve plus que le souvenir. La population indigène se contente désormais de la pêche… et du tourisme qui, dans son implantation, a su être raisonnable et garder à cette terre son surprenant caractère méridional.

Bréhat est cernée d'îlots, en partie désertés de nos jours, mais où, aux Ve et VIe siècles, des moines, venus d'outre-Manche, s'installèrent et vécurent dans une solitude favorable à la prière. C'est sur l'île Lavrec (dont le nom signifierait «fourche de charrue») que saint Budoc fonda son monastère, le plus ancien d'Armorique. L'île Saint-Maudez (ou Modez) conserve un monument, sorte d'abri circulaire coiffé d'un dôme et baptisé Forn Maodez (le «four de Modez»). D'autres ruines sont visibles dans l'île Verte; il s'agirait d'un édifice religieux. L'île Béniguet (à ne pas confondre avec la voisine d'Ouessant) est habitée et cultivée, mais la plupart des autres, telles que Croezen, Raguenez, Logodec, Raguenezmeur, Sebérès, attendent encore la venue d'une nouvelle vague d'ermites.

« Un crabe, les deux pinces ouvertes » : Ouessant

Assauts rageurs de la mer contre les rochers, remous et tourbillons au milieu desquels se dissimulent les écueils, pilonnage des vagues au bas des falaises, c'est là le travail destructeur des flots, le combat millénaire que ceux-ci entretiennent avec la terre. La Manche peut paraître violente dans ses élans, mais comparée à l'Océan qui encercle *Ouessant,* elle manifeste une grande modération. Il suffit pour s'en convaincre de s'embarquer au Conquet : le bateau qui dessert l'île met entre deux heures et 2 h 30 pour effectuer un trajet de 39 km, tant sont nombreux les brisants et périlleux les courants. Et pourtant, la plus occidentale des terres françaises ne se situe qu'à 19,5 km des côtes du Finistère. Mais, sur cette île en forme de pinces de crabe (selon la comparaison d'Henri Queffélec), pèse la menace constante d'une mer houleuse et sournoise : des épaves échouées sur les rivages rappellent trop clairement les naufrages tragiques qui se produisirent dans ses parages. «Qui voit Ouessant voit son sang», disaient les marins. Pour noircir encore le tableau, on traduisit son nom breton d'*Enez-Eussa* par « île de l'Épouvante », alors qu'il dérive, en fait, d'un mot celte signifiant « la plus élevée ». Car Ouessant ne se présente pas sous des dehors riants. Environné d'écueils où se déchirent les vagues et où vinrent se fracasser maints navires, ce

plateau de granite et de gneiss (8 km de long sur 3 à 5 de large et 30 à 50 m d'altitude) est presque à longueur d'année battu par les vents, vents d'ouest surtout, qui amènent les pluies hivernales, parfois même la grêle, et dont la violence projette perfidement les flots sur les rochers côtiers. La brume épaisse qui fréquemment masque l'île ajoute au danger. Sombre image en vérité qui fait un peu trop oublier le calme du printemps et de l'été.

Le sentiment d'isolement provoqué par les horizons marins se trouve renforcé par des paysages austères. Le pourtour de l'île, déchiqueté par l'Océan, ne s'échancre largement qu'à l'ouest, formant la baie de Lampaul. Chaque pointe, chaque amer justifie une promenade : la pointe de Pen-ar-Roc'h, au sud, qui découvre un beau panorama sur Molène; la pointe de Pern, à l'ouest, avec son étonnant chaos de granite aux formes variées; le phare de Créac'h, à l'ouest, du haut duquel le regard embrasse toute l'île et l'Océan; la presqu'île de Cadoran, au nord, avec ses falaises à pic et ses sombres îlots; la pointe de Pen-Arlan à l'est, et les ruines du château des seigneurs de Chastel-Tremazan et d'Heusaff. Partout la végétation est discrète. Seules les fleurs jaunes de l'inule, les ombelles de la criste-marine viennent égayer les falaises.

Mais Ouessant, c'est aussi des terres dénudées arrosées d'embruns et où, de septembre à février, paissent en liberté des prés-salés blancs ou bruns (que leur propriétaire reconnaît grâce à l'entaille faite à l'oreille). Ce sont des maisonnettes de pierre, solidement accrochées au sol et éparpillées de par les landes où poussent l'ajonc nain, la bruyère cendrée, le genêt à balai et la callune vulgaire; des petits jardins protégés des vents par des muretins et où des plantes telles que le camélia, le fuchsia, le mimosa, le figuier, l'aloès et le myrte parviennent à s'acclimater. Enfin, ce sont des légendes, toujours des légendes, issues de la mer redoutée, de cette mer qui fit dans les rangs des Ouessantins tant de ravages.

On a aussi appelé Ouessant « l'île des femmes ». Non pas pour rendre hommage à l'élégance de leur costume de drap noir ou de leur coiffure légère, mais parce que cette terre est fief des femmes, les hommes n'y étant pas, ou ne faisant qu'y passer. Tandis qu'elles travaillent les minuscules parcelles cultivables où poussent, tant bien que mal, pommes de terre, petits pois ou orge, les Ouessantins naviguent. Ce n'est plus pour la pêche (l'isolement de l'île rend cette activité peu rentable et les Molénais se sont octroyé le monopole des crustacés dans toutes les eaux voisines), mais dans la marine marchande ou nationale. Le nombre des Ouessantins « péris en mer » a, de ce fait, considérablement diminué. Cependant, les temps ne sont pas si lointains où une petite croix de cire (broëlla), symbolisant le corps d'un disparu, était veillée, puis portée en cortège, de la demeure du marin à l'église, et enfin déposée au cimetière dans un mausolée

l'île et la fit docilement plonger dans les flots tumultueux... Le « trou du Serpent » *(Toul-ar-Sarpent)* est toujours visible. L'étole miraculeuse aussi; mais la précieuse relique, conservée dans la sacristie de l'église, ne remonte, selon les spécialistes, qu'au XIᵉ siècle : il s'agirait d'un morceau de tissu oriental rapporté des croisades. En tout cas, le dragon ne hante plus les 357 ha de cette terre presque plate (23 m à son sommet), curieusement dépourvue d'ombrages, mais où fleurissent hortensias et mimosas. Il ne se glisse plus ni autour du dolmen et des vestiges du cimetière préhistorique, ni dans les allées du jardin exotique du *Porz an Ilis,* ni parmi les modestes ruines de la chapelle romane du Pénity, qui succéda au monastère de Pol Aurélien. Les 1 000 Batziens peuvent

▲ *Ressource de l'île de Batz,
le goémon, que les insulaires
récoltent selon
un procédé séculaire.*

pêcher en paix, cultiver les primeurs dont la température clémente et les engrais marins accroissent la précocité, ou ramasser le goémon. Les magnifiques plages de sable fin ne présentent désormais plus de danger autre que naturel. ■

Molène, l'« île Chauve »

Au nord de la mer d'Iroise, *Molène* appartient à un archipel dont les îlots et récifs se dénombrent par centaines. L'île a bien mérité son nom breton de *Moal enez,* l'« île Chauve », car on n'y trouve pas un seul arbre. Ses dimensions sont réduites : 1,2 km de long sur 800 m de large, ce qui ne représente que 1 km² de terrain, lequel culmine à presque 25 m. En dépit de cette faible superficie, plus de

*Maisons austères,
maigres cultures ceinturées
de murets de pierres sèches,*
▼ *la vie est rude aux Sénans.*

L'église de Lampaul (ou plus exactement Lann-Pol, en souvenir de saint Pol Aurélien qui séjourna ici avant de se fixer dans l'île de Batz), l'unique bourg de l'île, abrite encore le coffret dans lequel étaient provisoirement déposées les broëllas, et le cimetière conserve l'édicule, daté de 1668, où elles aboutissaient.

L'île, malgré le développement du tourisme, a conservé ses caractères originaux. Depuis 1969, elle est rattachée avec les îles voisines (Bannec, Balanec, Molène, Quéménès, Béniguet) au Parc naturel régional d'Armorique. La flore ne manque certes pas d'intérêt, ni les minéraux que l'on peut y trouver, mais l'archipel d'Ouessant est surtout le paradis des oiseaux. Nicheurs et migrateurs en ont fait leur terre d'élection. Goélands, sternes, macareux moines, pétrels nidifient au printemps sur les îlots et les récifs. Les cormorans huppés préfèrent se percher au sommet des falaises abruptes, tandis que les petits pingouins affectionnent les grottes ouvertes sur le nord. Quant aux migrateurs, ils s'arrêtent là à l'automne et au printemps. Les passereaux se regroupent près des points d'eau, les espèces limicoles sur les grèves désolées. Curieusement, des espèces d'Amérique, d'Europe centrale, d'Asie même font étape à Ouessant. Cette importance du mouvement migratoire amena dès 1955 la création de camps de baguage; elle inspira aussi l'installation d'une station ornithologique, dépendant du Muséum national d'histoire naturelle. Outre cela, une colonie de phoques gris demeure sur le littoral nord-est de l'île d'Ouessant, où ils évoluent parmi les brisants; attraction bien rare sur les côtes françaises, et qui justifie les sévères mesures de protection en vigueur depuis 1961.

Le chemin d'eau qui mène jusqu'à l'île n'offre aujourd'hui plus de réels dangers. Diesels et radars ont eu raison de la Cheminée des Pourceaux, de la Basse-Hir, des Remeurs, du passage du Fromveur et autres « points noirs », terreur des marins d'hier. Mais Ouessant, l'île inaccessible, l'île des naufrages et des tempêtes, garde la dimension mythique que lui ont donnée les siècles passés.

« Qui voit Sein voit sa fin »

*Mon Dieu secourez-moi quand je passe le Raz
Car ma barque est petite et la mer est si grande...,*

implorait autrefois le marin qui s'aventurait dans le Raz de Sein en direction de la baie des Trépassés. Cette terreur compréhensible, suscitée à la fois par la violence des courants, la force des vagues, la multiplicité des écueils qui parsèment l'Océan sur 25 km entre la pointe du Raz et la roche Occidentale, et les effroyables histoires de *Bag-Noz* (« Barque des Morts ») ou d'*Anaon* (défunts errants) chuchotées à la veillée, n'est plus de mise aujourd'hui. Le touriste qui

500 habitants y vivent de la pêche aux casiers — mais les fonds ne sont plus aussi riches en crustacés qu'autrefois —, de la récolte du goémon, de la culture de l'orge et de la pomme de terre sur de minuscules parcelles. Le découpage compliqué des propriétés vaut d'ailleurs aux îliens un privilège fort jalousé : celui de ne pas payer d'impôt foncier. Molène n'a ni eau potable ni eau courante (on y récupère l'eau de pluie dans des citernes), point de médecin (on le fait venir du continent par hélicoptère ou par vedette). Jusqu'en 1970, elle a vécu à l'heure solaire.

Elle fait aujourd'hui partie du Parc régional d'Armorique, possède des mégalithes, de belles criques, une seule auberge, et son port, accessible pour les navires de faible jauge, voit chaque année débarquer

▲ *La petite île de Molène vit de la pêche aux casiers et de quelques moutons.*

une centaine de campeurs sauvages.

Les bateaux qui font route vers Molène passent au-dessus d'un vaste plateau sous-marin d'où s'élèvent des récifs et des îlots nus : Morgol, Lytiry, Quéménès, Lédénès-de-Quéménès, Trielen, Lédénès-de-Molène et Béniguet.

Mais Béniguet (« bénie ») possède un sanctuaire druidique qui dut être exorcisé, comme l'indique son nom. La récolte du goémon reste une source de revenus médiocres mais non négligeables pour les pêcheurs-paysans. On le recueille à marée basse de mai à fin septembre. Séché sur les dunes, il sert à des préparations pharmaceutiques et chimiques ou d'engrais. Depuis 1954, l'« île Bénie » est devenue une réserve de lapins qui sont destinés à repeupler les campagnes que la myxomatose a dévastées. ■

Le paradis du marin en herbe

Tous les amateurs de voile connaissent, au moins de nom, les *îles Glénan* (et non les Glénans), ce fouillis d'îlots relié à la côte de Beg-Meil par une chaîne de récifs. Sept îles principales composent l'archipel, qui ne couvre que 150 ha environ : *Saint-Nicolas*, arête granitique de 800 m de long sur 300 de large, d'où, venant de Concarneau, de Beg-Meil, de Bénodet, de Quimper ou de Loctudy, l'on pénètre dans les îles Glénan ; Le Loch, la plus grande (58,60 ha), où l'on a, un temps, exploité la soude ; Penfret, que surmonte un phare de 36 m ; Fort-Cigogne où, sous Louis XIV, une garnison d'arquebusiers veillait en permanence sur un petit fort ; enfin, Drenec, Brunnec et Giautec, qui,

Port-Tudy, dans l'île de Groix : autrefois de puissants thoniers, aujourd'hui
▼ *de frêles bateaux de plaisance.*

s'embarque pour l'île dans un confortable bateau à moteur ne risque plus grand-chose, mais, s'il possède quelque sensibilité, il ne pourra se défendre d'être troublé par la beauté sauvage du paysage. De toutes les îles bretonnes, Sein (*Enez-Sizun*, l'« île des Sept-Sommeils ») fut et demeure la plus secrète.

Composée de deux parties reliées par un isthme, longue d'environ 3 km, large de 50 m à 1 km, cette « plaque » de granite paraît posée sur l'eau tel un radeau. Si elle culmine à 8 m, au tertre du Nifran, son niveau moyen n'est en effet que de 1,50 m au-dessus de la mer. C'est dire que, là aussi, eau et terre ont entrepris depuis toujours un combat sans merci. Aux environs de 1750, un raz de marée s'abattit sur son sol sans relief ; en février 1897, la mer passa par-dessus l'île, éteignant même le phare à pétrole ; et, lors des fortes tempêtes, il n'est pas rare que les vagues viennent battre les maisons du quai des Paimpolais.

Sur cette île sans sources, sans arbres ni buissons, sans chevaux ni mulets, constamment en butte aux caprices des flots, la vie a toujours été des plus dures. Les températures sont certes douces, grâce au fameux Gulf Stream, mais le vent s'y montre violent. Les eaux sont poissonneuses, mais la mer est pleine de pièges. Dans le bourg, les rues sont étroites et sinueuses, pour éviter de donner prise au vent ; les maisons, solidement bâties en granite et couvertes d'ardoise, sont pourvues de citernes qui recueillent l'eau de pluie. Hommes et femmes travaillent dans le même souci d'entraide depuis des siècles. Les premiers s'adonnent à la pêche, surtout celle des crustacés dans les eaux côtières ; mais cette activité végète, et les jeunes préfèrent s'engager dans la navigation de commerce. Quant aux secondes, une longue tradition les voue à la culture de la terre ; elles se sont réparti les minuscules lopins (certains ne dépassent pas 20 m²), enclos de murettes de pierres sèches. Sable et résidus de goémon permettent d'y faire pousser des pommes de terre et quelques légumes. Modestes ressources qui ne suffisent pas à éliminer la menace de famine que les tempêtes font peser sur l'île. Aussi les Sénans ont-ils tendance à fuir ce sol ingrat. Il y avait 1 200 habitants en 1926 ; il n'en restait plus que 835 en 1968. Et l'avenir de Sein reste gris comme un ciel de gros temps.

L'île possède quelques mégalithes comme les menhirs surnommés *Ar Brigourien* (« les Causeurs ») et le dolmen (sous tumulus) du Nifran. Beaucoup d'autres, sans doute, furent détruits. Car ce fut-là un centre druidique important, un haut lieu religieux de la Gaule. Le géographe Pomponius Mela écrivait, au Iᵉʳ siècle de notre ère : « Sena se trouve dans la mer britannique, en face du littoral des Osismes. Elle est célèbre par l'oracle d'une divinité gauloise. Ses prêtresses sont sanctifiées par le vœu de virginité perpétuelle. On dit qu'elles sont au nombre de neuf. Les Gaulois les nomment *Sènes*. Ils pensent que, douées de pouvoirs exceptionnels, elles peuvent par leurs

incantations déchaîner les flots et les tempêtes, se métamorphoser selon leur caprice en toutes espèces d'animaux, guérir les maladies réputées incurables, connaître l'avenir et le prédire ; mais elles n'exerceraient leur art qu'en faveur des navigateurs qui s'embarquent dans le seul dessein de les consulter… » Les rites païens (hérités des vestales ?) se sont poursuivis, ici, fort tard. Jusque sous Louis XIII, dit-on, malgré une tentative d'évangélisation de saint Gwennolé au Vᵉ siècle.

Une destinée étrange fut réservée à ce domaine des druidesses, que cernent les âmes en peine, les *Krierien* (« crieurs ») gémissant dans la nuit, et les vieilles du sabbat, sorcières capables de provoquer la mort sur commande. L'île fut tantôt abandonnée comme une terre maudite, tantôt habitée par une poignée de « cruels » naufrageurs. En effet, grâce à la chaussée de Sein, un chapelet de récifs qui prolonge l'île sur 15 km vers le large, les Sénans se sont illustrés comme pilleurs d'épaves. Les « diables de la mer », ainsi les surnomma-t-on. Certes,

avec d'autres îlots, servent de réserve ornithologique.

Le mystérieux silence de l'histoire plane sur l'archipel de Glénan, dont l'apôtre pourrait avoir été saint Tudy. Des moines d'obédience bénédictine se seraient installés sur l'île Saint-Nicolas. Mais, à la fin du Moyen Âge, ces terres insulaires semblent avoir retrouvé leur solitude. Devinrent-elles alors repaire de pirates? C'est probable, et cela expliquerait l'absence d'occupation durable. Nicolas Fouquet voulut s'en rendre acquéreur, mais sa disgrâce l'en empêcha. Les îles Glénan restèrent donc possession de l'abbaye de Saint-Gildas-de-Rhuis et furent laissées à l'abandon. Au début du XIXe siècle, une garnison et quelques pêcheurs constituaient son seul peuplement.

Aujourd'hui, ces îles sont peu habitées hors saison. Mais de Pâques à octobre, elles hébergent plus de 600 stagiaires de tous âges venus s'initier à la manœuvre délicate des cordages et des voiles. La fortune de l'archipel, en ce domaine, est due à la disposition des îlots ménageant une petite mer intérieure, à la diversité des courants et des chenaux, et à la variété des vents qui en font un lieu idéal pour un apprentissage sérieux de la navigation. Aussi le Centre nautique qui s'y implanta en 1947 a-t-il connu un essor fulgurant. Le club possède aujourd'hui, outre les bases établies dans l'archipel proprement dit (Penfret, Drenec, Fort-Cigogne, Bananec), celles de plusieurs autres secteurs maritimes : Paimpol, golfe du Morbihan, Marseillan, Corse, Irlande, sans oublier les écoles de

voile étrangères dont il a inspiré la création.

Animés par des moniteurs bénévoles, pour la plupart anciens élèves, les stages, qui durent généralement deux semaines, dispensent un enseignement par étapes successives. Pour cela, le Centre dispose de quelque 250 bateaux. Sur les dériveurs s'effectue la phase d'initiation. Un deuxième stage permet d'apprendre à conduire un voilier léger. Pour qui souhaite pratiquer la croisière, intervient un enseignement plus poussé, que viennent compléter des stages de perfectionnement spécialisés.

L'archipel de Glénan, déjà considéré comme la capitale bretonne de la voile, deviendra peut-être aussi celle de la plongée sous-marine... ■

▲ *Au Centre nautique des Glénan, on apprend la navigation à voile, côtière et hauturière.*

ils s'approprièrent de beaux butins et, dans le mobilier des maisons, on peut retrouver des pièces ou des bois récupérés sur les navires naufragés. L'île connut même des faits de barbarie, ainsi que l'atteste l'article 44 du Règlement : «Ceux qui allument, la nuit, des feux trompeurs sur les grèves de la mer ou dans les endroits périlleux pour y attirer et faire perdre les navires seront punis de mort, et leurs corps attachés à un mât, planté où ils auront fait les feux...» Mais ces actes n'étaient pas chose courante et le «droit de bris» s'accompagna de miraculeux sauvetages, véritables exploits souvent. Le palmarès en dit long sur le courage des Sénans : plus de 20 équipages sauvés grâce à eux entre 1763 et 1817. Un courage qui se manifesta d'une manière très différente au cours de la Seconde Guerre mondiale : tous les hommes valides de l'île répondirent à l'appel lancé de Londres par le général de Gaulle, qui, le 30 août 1946, vint remettre lui-même aux survivants la croix de la Libération, la croix de Guerre et la médaille de la Résistance décernées à l'île.

Les druides ont déserté... l'île de Groix

Faut-il traduire *Enez-er-Groac'h*, le nom breton de *Groix* par «île de la Sorcière» ou par «île de la Croix»? Le problème n'est pas résolu. Revendiqué à la fois par le ciel et l'enfer, ce plateau usé par la mer, d'une superficie de 1 482 ha, semble bien avoir été négligé par l'un et l'autre depuis des années.

Large de 2 à 3 km et longue de 8 km, l'île ressemble un peu à Belle-Île-en-Mer (que l'on peut apercevoir au sud-est, par beau temps), à cause des falaises qui surplombent la mer de 30 à 50 m sur les quelque 20 km de son pourtour. Mais la comparaison s'arrête là. À Groix, le bois est rare et, longtemps, on ne s'y chauffa qu'avec des bouses séchées. De même, l'eau douce manque, amenant peu à peu l'abandon de maintes cultures. Pourtant, le visiteur qui, venant de Lorient, pose le pied sur la jetée de Port-Tudy, après un trajet de 14 km, trouve matière à rêver sur le sol aride des Groisillons. L'île possède de fort belles plages, bien protégées des vents, à l'est et au sud-est, et des sables provenant de l'usure de roches métamorphiques (glaucophane et épidote), auxquels se mêlent des galets, du côté du hameau de Quelhuit, au nord, et du village de Locmaria, au sud. La côte qui donne vers le large, plus abrupte, a été sculptée par la mer; des aiguilles, des grottes, des criques où s'abritent bateaux de pêche et de plaisance. Ajoncs et bruyères s'accrochent au rebord des falaises. Lande colorée qui, sur la partie centrale du plateau, cède la place aux «champs». Ici aussi, c'est le domaine des femmes, les hommes partant pour la pêche.

Quelques dolmens plus ou moins ruinés, des menhirs et le tumulus de Moustero rappellent que Groix fut un haut lieu du druidisme. Les restes d'un retranchement, le «camp des Romains» de Kervédan, attestent une occupation antique.

Un thon, fiché en haut du clocher couvert d'ardoise de l'église Saint-Tudy à Groix (ou Loctudy), remplace le coq traditionnel. Et les ex-voto conservés dans la chapelle de Locmaria, dans la chapelle de la Trinité près de Groix, dans celle de Saint-Léonard de Quelhuit et dans l'église Notre-Dame-du-Calme au Méné évoquent le temps où la pêche du thon constituait la principale ressource des îliens.

Nous étions deux, nous étions trois,
Nous étions trois marins de Groix...,

dit une vieille chanson qui n'est plus que folklore. Si, le 24 juin, jour de la Saint-Jean, la bénédiction du coureau (bras de mer) de Groix par le clergé de Larmor a toujours lieu, les thoniers qui, jusqu'à la dernière guerre mondiale, s'ancraient dans ses eaux manquent à l'appel. Mais l'île de Groix renaîtra probablement grâce au tourisme, car elle est, en quelque sorte, la proche banlieue maritime de Lorient.

Houat, le canard de Saint-Gildas, Hœdic, le caneton

À l'est de Belle-Île, Houat et Hœdic, ainsi que les îlots Glazic, des Grands-Cardinaux, l'île aux Chevaux et les écueils qui les accompagnent, sont les témoins granitiques, teintés de gris ou d'ocre, d'un plateau à peine immergé.

Houat (« le canard »), à laquelle on accède par Quiberon, n'a que 5 km de long et une superficie de 293 ha. Son charme (auquel Alphonse Daudet fut sensible) lui vient de ses plages dorées, de ses petites criques et de ses falaises, des maisons blanches et des ruelles de terre battue de son bourg, de sa lande dénudée où pousse un lis à plusieurs tiges que l'on ne trouve, paraît-il,

que là. Mais aussi, des coutumes de ses habitants auxquels le nouveau port (l'ancien fut détruit par la tempête du 27 janvier 1951) a fourni une raison de ne point déserter. Marins-pêcheurs avant tout, les Houatais laissent aux femmes le soin de cultiver les pommes de terre et au recteur celui de régler les autres affaires, spirituelles et administratives. Jusqu'en 1891, les recteurs d'Houat et d'Hœdic (le même prêtre, souvent) cumulaient légalement les fonctions de commissaire de police, officier de l'état civil, syndic des gens de mer, capitaine de port, gardien de phare et de fort, agent des douanes et de l'octroi, directeur des postes. Tout en étant instituteur, médecin, notaire, percepteur, agent de l'enregistrement et des domaines, juge de paix et même... tenancier de

café. Ont-ils aujourd'hui perdu leur pouvoir? Cela n'est pas évident, même si Houat (comme Hœdic) est devenue commune rattachée au canton de Quiberon.

Outre quelques mégalithes et un fort Vauban, l'île n'a gardé que peu de traces de son passé. Pourtant, chassé de Grande-Bretagne, saint Gildas s'y installa vers 538 et y mourut en 570, après avoir fondé l'abbaye de Saint-Gildas-de-Rhuis. Pourtant, beaucoup plus tard, Houat servit de base opérationnelle aux royalistes et aux Anglais pendant les guerres de l'Empire.

Séparée de sa jumelle par le passage des Sœurs, que borde au sud-ouest une chaîne de récifs appelée « chaussée de l'Île-aux-Chevaux », *Hœdic* est plus petite. Sablonneuse et nue, ne dépassant pas 25 m d'altitude, elle mesure

▲ *Le nouveau petit port d'Houat, à l'échelle de cette île qui vit encore hors du temps.*

L'émouvante simplicité de l'église de Locmaria,
▼ *la plus ancienne de Belle-Île.*

La bien-nommée : Belle-Île-en-Mer

Belle-Île-en-Mer, séparée de Quiberon par un coureau de 15 km que l'on traverse en moins d'une heure, est la plus vaste des îles bretonnes : 17,5 km de long, de 5 à 9 km de large, 80 km de côtes d'une grande diversité, où alternent de longues plages de sable, des falaises abruptes, des criques harmonieusement découpées, des paquets d'aiguilles déchiquetées. Ce bloc de roches dures est doucement basculé vers le nord, où la côte est plus basse et plus hospitalière, tandis qu'il oppose au grand large une côte rude, sauvage, aussi âpre que belle.

Belle-Île, l'antique *Vindilis,* la *Bella Insula* latine, l'*Enez Gwezel ar Ger-Veur* des Bretons, changea souvent de mains. Les premiers (?) occupants laissèrent deux menhirs proches l'un de l'autre, à cause de cela baptisés Jean et Jeanne de Runello. Puis vinrent Vénètes et Romains. L'île fut ensuite donnée, au IXe siècle, à l'abbaye Saint-Sauveur de Redon par Geoffroi Ier de Bretagne, avant de devenir propriété de l'abbaye Sainte-Croix de Quimperlé, puis d'Albert de Gondi, duc de Retz (1572). Elle fut en 1658 vendue au surintendant Fouquet, dont le petit-fils la céda, en 1719, à la Couronne. Laquelle la remit à la Compagnie des Indes moyennant un loyer de 50 000 livres par an. Elle revint de nouveau à la Couronne, qui l'abandonna aux fermiers généraux, puis à la province de Bretagne en 1759. Est-ce fini? Non pas. Les Anglais l'occupèrent de mai 1761 à mai 1763. On

l'échangea contre le Canada. Des Canadiens français émigrés (des Acadiens) vinrent alors s'y fixer, avec, dans leurs bagages, la pomme de terre... dont M. Parmentier n'avait pas encore entendu parler. C'est sur une tentative belliqueuse (1795) du commodore Elisson, allié des émigrés, que s'acheva l'histoire agitée de Belle-Île-en-Mer, et qu'une autre commença, à laquelle artistes et touristes se trouvèrent désormais étroitement mêlés.

Le poète Saint-Amant, qui avait accompagné le duc de Retz à Belle-Île, fut sans doute le premier artiste à aimer cette terre insulaire. La grotte existe encore où, en solitaire, il venait chercher l'inspiration. L'île séduisit aussi Alexandre Dumas, Gustave Flaubert, Alphonse Daudet, Marcel Proust, André Gide, Colette (laquelle y vint en voyage de noces avec Willy), Francis Carco, Jacques Prévert, et bien d'autres encore... Claude Monet, qui y effectua un séjour en 1886, nous a laissé d'admirables peintures de la partie de la Côte Sauvage qui s'étire des aiguilles de Port-Coton jusqu'à Port-Donnant. Sur ses traces, nombre de peintres la découvrirent : le jeune Henri Matisse, André Derain, Marcel Gromaire... Sans oublier l'actrice Sarah Bernhardt, qui, à la fin du siècle dernier, acheta une propriété à la pointe des Poulains.

Il est vrai que les 8 461 ha de Belle-Île-en-Mer renferment de quoi nourrir toutes les aspirations, de quoi satisfaire tous les goûts. Toutes les îles en une, pourrait-on dire. Elle peut être sauvage, violente et grandiose, comme sait l'être la Bretagne : à l'ouest, là où elle donne sur le large, se succèdent des sites étonnants où rochers hérissés, brisants, chaos sont la proie d'une mer souvent furieuse, perpétuellement écumante. De la pointe des Poulains, reliée à l'île par une langue de sable que les grandes marées envahissent, on découvre une large vue sur les étranges sculptures de cette Côte Sauvage ainsi que sur la presqu'île de Quiberon et les îles voisines (Groix, Houat, Hœdic). Non loin, la grotte de l'Apothicairerie était jadis habitée par les cormorans, dont les innombrables nids, alignés dans les anfractuosités le long des parois, évoquaient les bocaux d'une boutique d'apothicaire. Cet antre forme un tunnel où s'engouffre la mer les jours de tempête, et ne fut longtemps accessible qu'en bateau. Aujourd'hui, un escalier dans le roc facilite sa visite. Plus au sud, la belle plage de Port-Donnant, cernée de hautes falaises, ne se prête guère à la baignade à cause des lames violentes qui viennent se briser sur son sable fin. Quant aux aiguilles de Port-Coton, pyramides rocheuses « ouatées » par une mer bouillonnante, elles constituent l'un des plus beaux sites marins de Bretagne.

En son centre, l'île s'apaise et offre au regard de vastes étendues dénudées, domaines du blé ou de la lande, ou des vallons tranquilles, parés de prairies et d'arbres, qu'il faut voir au printemps lorsque ajoncs et aubépines sont en fleur — ce qui surprend sur une terre

2,5 km de long sur 1 km de large et dispose de … 600 m de réseau routier. Hœdic fut, comme Houat, fief de l'abbaye de Saint-Gildas-de-Rhuis, et entra en même temps qu'elle dans l'administration française, en 1815. Mais elle semble nettement plus déshéritée, et les Hœdicais, nombreux au temps de la pêche de la sardine, s'expatrient. Cela tient sans doute aux conditions de vie découlant de la difficulté des communications avec le continent. L'aménagement du nouveau port remplaçant celui de la Croix, constamment menacé d'enlisement, permettra peut-être d'arrêter l'exode. Si les plages sont ici moins nombreuses (et moins entretenues) qu'à Houat, et la végétation plus sauvage encore, Hœdic semble pourtant promise, elle aussi, à un bel avenir touristique. ■

Le nombril du monde : l'île Dumet

Distante de 6 km de Piriac-sur-Mer, cette île *Dumet* (ou plutôt du Met, de *Med,* « coupe » de foin, ou de *Méd,* « pouce ») est, selon les géographes, le pôle continental du globe. Ce qui veut dire qu'elle est à peu près au centre de gravité des terres émergées.

Longue seulement d'environ 600 m, limitée par 2 500 m de falaises qu'interrompt à peine une plage de galets, elle n'héberge qu'un phare et les ruines d'une citadelle, « fort de Ré », qui, construite en 1755, fut dévastée par les Anglais.

Les oiseaux s'accommodent fort bien de ce plateau rocheux balayé par les vents : des milliers de mouettes et d'hirondelles de mer y nichent. ■

Sur la côte ouest de Belle-Île, l'âpre paysage de la baie
▼ *du Vieux-Château.*

balayée par les vents. Mais le climat est en fait relativement doux et des plantes méridionales se sont acclimatées à Belle-Île : chênes verts, lauriers, agaves…

Face à Quiberon, et au sud, l'île est riante. De belles plages, telles l'anse de Kerel, où la mer paraît se retirer à l'infini mais qui à marée haute ressemble curieusement à un lac; la plage d'Herlin avec son vallon où pousse la marjolaine au milieu des rochers; celle des Grands-Sables, longue de plus de 1 km et bordée par des vestiges de fortifications. Des hameaux aux maisons blanches, des bourgs animés comme Sauzon, le « port fleuri » où viennent mouiller les yachts des plaisanciers, et Le Palais, la « capitale », dont la rade abritée connut les grandes heures de l'histoire des voiliers. Enfin, des prés salés où

pâturent les moutons et qui ont le charme discret mais profond des côtes bretonnes.

Les monuments dignes d'une visite sont rares. La citadelle du Palais, élevée sous Henri II, mais agrandie par la famille de Gondi, renforcée par Fouquet puis par Vauban, s'avère décevante. La porte Vauban et la porte de Bangor (au Palais, toujours) ont été construites sous le premier Empire et achevées sous Napoléon III. Fouquet n'a jamais habité le « pavillon Fouquet », où Auguste Blanqui, en revanche, fut enfermé après les événements de 1848. Mais l'intérêt de Belle-Île n'est pas dans ces vestiges plus ou moins historiques; il réside dans ce condensé de paysages insulaires et de paysages bretons du proche continent.

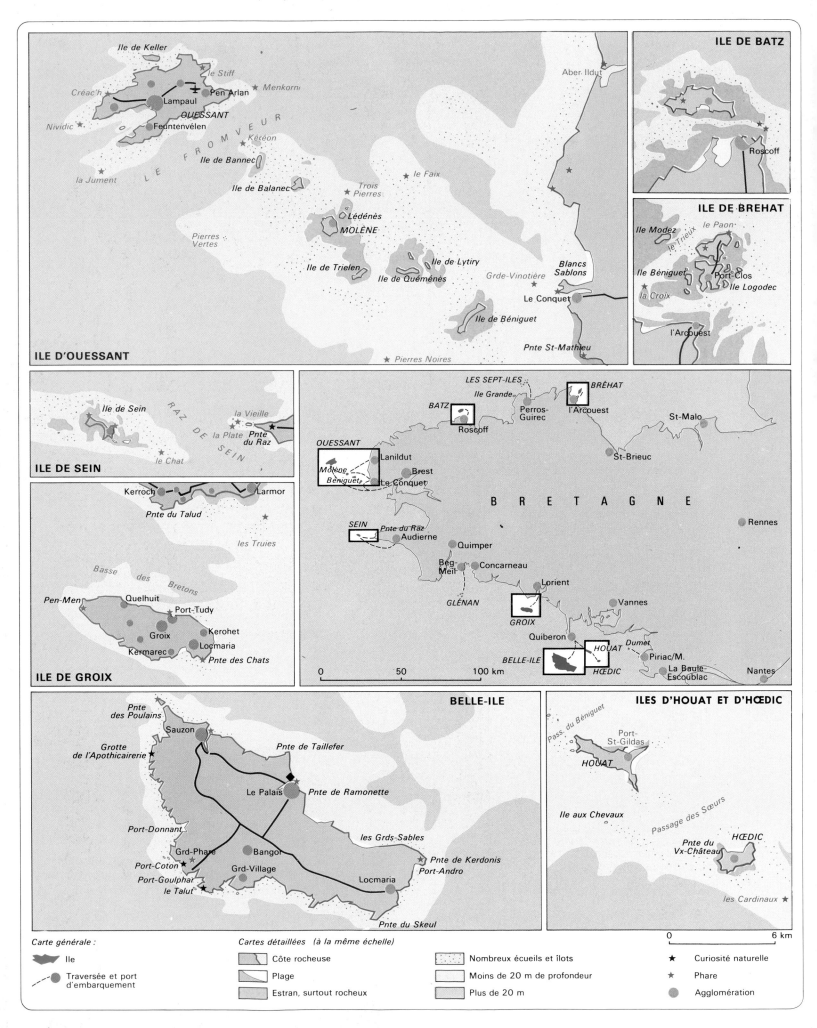

ILE DE BATZ

Aber. Ildut
Roscoff

ILE DE BREHAT

Ile Modez · le Paon
le Trieux
Ile Béniguet · Port-Clos
la Croix · Ile Logodec
l'Arcouest

ILE D'OUESSANT

Ile de Keller
le Stiff · Menkorn
Créac'h · Pen Arlan
Lampaul
Nividic · OUESSANT · Keréon
Feuntenvélen
LE FROMVEUR
Ile de Bannec
la Jument
le Faix
Pierres Vertes · Ile de Balanec · Trois Pierres
Lédénès
MOLÈNE
Ile de Trielen · Ile de Lytiry
Ile de Quéménès · Grde-Vinotière · Blancs Sablons
Le Conquet
Ile de Béniguet
Pnte St-Mathieu
Pierres Noires

ILE DE SEIN

Ile de Sein · la Vieille
RAZ DE SEIN · la Plate · Pnte du Raz
le Chat

ILE DE GROIX

Kerroch · Larmor
Pnte du Talud
les Truies
Basse des Bretons
Pen-Men · Quelhuit · Port-Tudy
Groix · Kerohet
Kermarec · Locmaria · Pnte des Chats

BRETAGNE

LES SEPT-ILES · BRÉHAT
Ile Grande · l'Arcouest
BATZ · Perros-Guirec · St-Malo
Roscoff · St-Brieuc
OUESSANT · Lanildut
Molène · Brest
Béniguet · Le Conquet
Rennes
SEIN · Pnte du Raz
Audierne
Quimper
Bég-Meil · Concarneau
GLÉNAN
Lorient · Vannes
GROIX
Quiberon · HOUAT · Dumet · Piriac/M.
BELLE-ILE · La Baule-Escoublac
HŒDIC · Nantes

0   50   100 km

BELLE-ILE

Pnte des Poulains
Sauzon
Grotte de l'Apothicairerie
Pnte de Taillefer
Le Palais · Pnte de Ramonette
Port-Donnant
les Grds-Sables
Grd-Phare · Bangor
Port-Coton · Grd-Village · Pnte de Kerdonis
Port-Goulphar · Locmaria · Port-Andro
le Talut
Pnte du Skeul

ILES D'HOUAT ET D'HŒDIC

Pass. du Béniguet
Port-St-Gildas
HOUAT
Ile aux Chevaux · Passage des Sœurs
Pnte du Vx-Château · HŒDIC
les Cardinaux

0   6 km

Carte générale :
Ile
Traversée et port d'embarquement

Cartes détaillées (à la même échelle)
Côte rocheuse
Plage
Estran, surtout rocheux
Nombreux écueils et îlots
Moins de 20 m de profondeur
Plus de 20 m
★ Curiosité naturelle
⚲ Phare
● Agglomération

20. Îles bretonnes.

foi et superstition

l'art religieux
breton

*Au Vᵉ siècle,
des moines défricheurs
et des saints légendaires,
venus de Grande-Bretagne,
instaurèrent en Armor
un christianisme vigoureux
qui sut s'accommoder
de nombreuses réminiscences
du paganisme celte et gallo-romain.*

◄ *Derrière
l'église de Locronan,
le cimetière
et sa croix ornée.*

◄ *Sacrée depuis les druides,
la fontaine de Plozévet.*

Golgotha sous le ciel breton : ▲
le calvaire de Guéhenno.

*Flèche de pierre ▲
au milieu des blés,
le clocher de St-Côme.*

*Poutre de gloire ▶
de Lampaul-Guimiliau :
la Flagellation.*

4. Art religieux breton

Tout imprégné
de traditions populaires,
l'art religieux breton
est un art paysan,
éparpillé à travers la campagne
et étroitement solidaire du terroir
qui lui a donné naissance.

◄ *Coquetterie renouvelée par le tourisme,
les coiffes de Plougastel.*

Art religieux breton. 5

▲ *Perdu dans la campagne,*
le calvaire de Planguenoual.

▲ *Ossuaire, calvaire et église :*
l'enclos paroissial
de Lampaul-Guimiliau.

◄ *L'arc gothique*
de la porte triomphale
de St-Jean-du-Doigt.

6. Art religieux breton

Pieuse enclave au centre du village,
l'enclos paroissial, qui réunit dans une même enceinte
l'église, le cimetière et l'ossuaire, est le domaine des défunts.
Parce qu'il symbolise la vie éternelle,
on y pénètre par une porte triomphale.

▲ *N.-D.-de-Tronoën :*
le plus ancien calvaire breton.

Création
la plus originale de l'art breton,
le calvaire
et son petit peuple de statues
révèlent la maîtrise des imagiers
qui taillaient le rude granite
avec autant de verve
que le chêne des jubés et des retables.

La dentelle de bois
du jubé
de la chapelle St-Fiacre,
▼ *près du Faouët.*

L'enclos de Guimiliau
et son calvaire
aux quelque 200 statues. ▶

▲ Naïfs et émouvants,
le Christ de Pleyben, la Vierge
et le bon larron.

Au pardon ▶
de Ste-Anne-la-Palud,
les somptueux costumes
de la Cornouaille.

Fête à la fois
religieuse et profane,
procession folklorique
souvent haute en couleur,
le pardon vient directement
des anciennes cérémonies druidiques.

Sur le bénitier
de La Martyre,
le squelette de l'Ankou,
▼ symbole de la mort.

▲ *Un des ensembles monumentaux les plus typiques de la Bretagne : l'enclos paroissial Renaissance de St-Thégonnec.*

« N'e ket brao, mes kaer da sabaturi eun den (Pas jolie, mais belle à vous stupéfier). » Ces mots, rapportés par Henri Waquet, le spécialiste de l'art breton, sont la réponse d'un paysan au passant qui s'étonnait de le voir immobile, le chapeau à la main, contemplant le porche d'une chapelle des environs de Quimper.

Bien peu d'hommes, ailleurs qu'en Bretagne, s'émeuvent ainsi devant la beauté. C'est que peu d'artistes ont su, comme ici, parler à leur cœur. Leur art est parfois un peu fruste, mais il est toujours vivant, imprégné de la foi naïve et assez matérialiste qui caractérise les Bretons. Souvent qualifié de « paysan », il est effectivement l'émanation d'un peuple avant tout agriculteur (car les marins eux-mêmes cultivent un lopin de terre), habitant des villages plutôt que des villes. Un peuple rude, mystique, superstitieux, qui a fait jaillir de son sol ingrat la plus extraordinaire floraison d'édifices religieux que la France ait jamais connue.

Où le profane et le sacré sont intimement mêlés

À l'image des roches sur lesquelles repose leur pays et des pierres solides dont ils font leurs maisons et leurs temples, les Celtes ont une âme qui s'est façonnée avec lenteur et qui a gardé les empreintes d'un long passé. Dans les Bretons d'aujourd'hui se reconnaissent les Armoricains d'hier, et derrière les saints de Rome se profilent encore bien des demi-dieux celtiques.

Si l'on ignore à peu près tout des précurseurs qui couvrirent la péninsule de menhirs et de dolmens voici des milliers d'années, on sait pourtant qu'ils avaient déjà un point commun avec les Bretons : un profond respect pour les morts, comme en témoignent les imposants tumulus qu'ils ont édifiés.

Les Gaulois, qui leur succédèrent vers le IVe siècle avant J.-C., étaient des Celtes, comme les tribus qui peuplaient la Bretagne insulaire (que nous appelons maintenant Grande-Bretagne). C'est de cette dernière que vinrent les druides, dont le nom était synonyme de « très savant ». À la fois éducateurs, juges et prêtres, ils étaient aussi un peu magiciens et se livraient à des sacrifices en plein air.

Marchant du même pas que les légions de César quand elles progressaient en pays conquis, les cohortes de la mythologie gréco-latine envahirent les galgals et les cromlechs. Elles chassèrent les druides, mais ne parvinrent pas à détrôner les protecteurs du clan et du foyer, ces demi-dieux qui apportaient aux Armoricains le courage et la force, tout en leur servant de support moral.

Les premiers chrétiens ne furent guère plus heureux, et même lorsque, au IVe siècle, des évêques apparurent chez les Redones

(Rennes), les Namnètes (Nantes) et les Vénètes (Vannes), les populations de cet « Extrême-Occident » continuèrent à considérer qu'une seule divinité venue de l'Orient était vraiment digne d'être adorée : le Soleil.

Les structures religieuses et sociales de l'Armorique auraient sans doute été bien compromises si celle-ci était tombée sous l'autorité franque. Mais le pays, malgré sa soumission de principe à Clovis, put, dans le même temps, renforcer son originalité grâce à des envahisseurs pacifiques, qui lui apportèrent un sang nouveau et donnèrent un nom à ses habitants : les Bretons.

Expropriés par les envahisseurs saxons, les Celtes insulaires cherchèrent refuge dans une région où ils savaient trouver de vastes

Le parc naturel régional d'Armorique

Créé en 1969 à l'instigation d'une trentaine de communes rurales du Finistère, épaulées par le département et par la ville de Brest, le parc naturel régional d'Armorique se veut l'expression du *Breiz Izel*, la Bretagne bretonnante, dite « basse » (qualificatif qui n'a rien de péjoratif et qui ne comporte pas non plus de notion d'altitude), où l'on n'a jamais cessé de parler le breton. Son territoire, qui couvre 65 000 ha et sur lequel résident 40 000 habitants, comprend des régions tant maritimes (Armor) que terriennes (Argoat), choisies pour le caractère spécifique de leur paysage, le nombre et la qualité des témoignages qu'elles peuvent apporter sur la civilisation du pays, et leur possibilité d'évolution équilibrée. Ses buts sont la préservation et la mise en valeur des richesses naturelles et artistiques, l'accueil des visiteurs et l'essor de la vie rurale.

Le parc est divisé en quatre secteurs discontinus : celui de l'archipel des îles Ouessant et Molène, qui abrite une petite colonie de phoques gris et un « écomusée », la maison des Techniques et des Traditions ouessantines; celui des caps, à l'extrémité de la presqu'île de Crozon, avec sa côte déchiquetée et ses alignements de menhirs (Lagatjar); celui de l'estuaire de l'Aulne, dominé par la masse puissante du Ménez-Hom (330 m), d'où l'on découvre un immense panorama sur tout l'ouest de la Bretagne; et enfin celui des monts d'Arrée, le plus vaste et le plus riche en curiosités de toutes sortes.

Les monts d'Arrée, qui culminent à 383 m (signal de Toussaines), sont le relief le plus élevé de la Bretagne. Les Bretons supportent mal que les « étrangers » s'étonnent — ou feignent de s'étonner — lorsqu'on leur parle des « montagnes » du pays. Si vous leur faites remarquer qu'elles ne sont pas très hautes, ils vous rétorqueront que, pour peu que les Alpes subissent chaque siècle une érosion d'un millimètre et demi, elles auront perdu leur superbe et seront à la même altitude que les monts d'Arrée quand elles auront le même âge qu'eux, dans quelque 300 millions d'années...

D'ailleurs, il faut savoir qu'il règne dans ces collines une ambiance typiquement montagnarde. L'air est vif, le paysage est aride, désertique, et, quand la brume n'encapuchonne pas les sommets désolés, battus par les vents, la vue porte très loin. Entre les croupes des *ménez* de granite, arrondies par l'érosion, des *roc'h* de quartz ou de schiste crèvent, çà et là, la mer des bruyères et des ajoncs, qui, deux fois l'an, au printemps et à l'automne, fleurit d'or ou de pourpre l'échine de ces monstres endormis.

Cette métamorphose saisonnière est l'une des surprises que réserve la contrée. Ses cimes mélancoliques et pelées dominent des vallées souriantes, d'une agréable fraîcheur sylvestre, où des ruisseaux dégringolent joyeusement vers de vertes prairies.

Il est aisé aux paresseux de dominer le pays. La « conquête » du ménez Mikael (montagne Saint-Michel-de-Brasparts) est facilitée par une route. Ceux qui veulent mériter leur plaisir choisiront les sentiers du

→

Précieux campanile de granite dans un cadre champêtre, le clocher de la chapelle St-Fiacre.
▼ *(Le Faouët.)*

espaces à défricher. Les immigrants, groupés autour du pasteur qui avait guidé leurs pas vers la terre d'exil, fondèrent les premières paroisses d'Armorique. L'église, jusqu'alors essentiellement citadine (elle s'installait dans les temples désaffectés et employait le même mot, *paganus*, pour désigner le païen et le paysan), gagnait les hameaux. En devenant rural, le catholicisme se rapprochait du royaume sylvestre des anciens druides. Il ne devait plus le quitter. Mais, s'il substitua ses dogmes à ceux de la religion druidique, il ne détruisit pas pour autant le passé : il le transforma. La fête du solstice d'été devint celle de la Saint-Jean, les assemblées prirent le nom de « pardons ». On planta des croix sur les menhirs, et les dolmens servirent de cryptes aux chapelles. Les sources sacrées se muèrent en fontaines, et le saint qu'abritait leur niche de pierre assuma désormais les fonctions — le plus souvent guérisseuses — de la fée ou du génie auxquels il avait succédé.

Les saints n'ont jamais fait défaut aux Bretons, qui en possèdent tout un assortiment. Si certains — et surtout saint Yves, le plus grand — sont mondialement révérés, la plupart sont totalement inconnus du reste de la chrétienté, et notamment de Rome. Chefs des premières communautés celtes venues de la Bretagne insulaire, ces disciples de saint Patrick (évangélisateur et saint patron de l'Irlande), qui ont donné leur nom à des villes (Saint-Malo, Saint-Brieuc) et à d'innombrables villages, n'ont été béatifiés que par l'usage, et leur histoire est fortement imprégnée de légende.

Cela n'altère en rien le rôle qu'ils ont joué en « Bretagne mineure ». Pour détacher leurs ouailles du panthéisme et les rapprocher de la foi augustinienne, ils usèrent sans doute moins des miracles qu'on leur attribue généreusement que de la force de l'exemple et du verbe. Tous n'avaient pas la stature de Colomban, qui abattait les ours à coups de poing, mais c'étaient certainement des hommes énergiques, et les Armel, Budoc, Gonéry, Gildas, Guénolé, Cado et autres Tugdual sont considérés comme des bienfaiteurs du peuple. Leur nom, souvent précédé de *plou* (paroisse) ou de *lan* (monastère), est parfois déformé. C'est ainsi que Ronan, le plus pittoresque et le plus caractéristique de ces saints d'Irlande, a laissé sa trace en plusieurs endroits, notamment à Saint-Renan, à Laurenan et, bien entendu, à Locronan, où son souvenir donne lieu, encore aujourd'hui, à l'un des plus intéressants pardons de Bretagne.

L'impie qui aura omis d'accomplir, une fois au moins dans sa vie, la Grande Troménie de Locronan devra effectuer le parcours après sa mort, en n'avançant, chaque jour, que de la longueur de son cercueil. À ce rythme, il faudra au malheureux défunt plus de quinze ans pour mener à bien son pèlerinage.

Le deuxième dimanche de juillet, après les vêpres, les cloches de l'église se mettent à sonner à la volée. À ce signal, des bannières sortent de la chapelle attenante du Pénity, qui abrite le tombeau de saint Ronan, pour rejoindre sur le parvis celles des paroisses voisines (Kerlaz, Plogonnec, Plonévez-Porzay, Quéménéven) et s'incliner devant elles : c'est le baiser de paix. Le cortège se forme aussitôt sur la place du village.

Derrière le recteur (curé), la chorale et les tambours en *chupen* bleu (veste courte), les fidèles se mettent en route. Femmes de Cornouaille aux collerettes plissées, de Douarnenez au serre-tête « monacal », femmes de l'intérieur coiffées de leurs bonnets « à ailettes », mais aussi femmes, hommes et enfants en costume d'aujourd'hui se dirigent vers la « montagne ». Les bannières brodées à l'effigie des saints — une quinzaine — mettent des taches de couleur au-dessus

Roc'h Trévezel, hérissé d'aiguilles en dents de scie. De ces sommets, on découvre à la fois le Léon et la Cornouaille.

Cette partie de l'Armorique, qui semble la plus proche du ciel, serait en fait, s'il faut en croire la légende, tout près des portes de l'enfer. Au pied de la montagne, les âmes des damnés erraient autrefois dans les sinistres tourbières du Yeun-Ellez avant d'être englouties par le gouffre du Youdig. Cette fondrière a aujourd'hui disparu sous les eaux d'un lac artificiel, destiné au refroidissement d'une évocation plus moderne de l'Apocalypse : la centrale nucléaire de Brennilis. Les marais qui l'entourent sont un des derniers lieux de nidification du courlis cendré, et on a introduit dans la rivière Ellez des castors qui semblent beaucoup s'y plaire.

C'est dans le cadre sauvage des monts d'Arrée que sont implantées deux des principales réalisations du parc régional : le Centre des techniques et traditions paysannes de Saint-Rivoal et le domaine de Ménez-Meur, dans la commune de Hanvec. Si le premier est destiné aux agriculteurs locaux, le second est, une véritable « université aux champs », qui s'adresse à tous ceux qui sont désireux de mieux connaître la nature. Au milieu d'un bouquet de hêtres, sur un domaine de 600 ha, les bâtiments d'une ancienne ferme abritent l'équipe administrative et un centre d'information ouvert au public. Un sentier d'observation, permettant de voir vivre en semi-liberté les animaux sauvages de la région, relie Ménez-Meur au Centre permanent d'initiation à l'environnement de Saint-Éloy, qui pourra

▲ *Les monts d'Arrée au printemps : les landes solitaires sont couvertes d'ajoncs dorés.*

des têtes : ainsi, les protecteurs de la Bretagne ne cessent de veiller sur les pèlerins. Ronan, bien sûr, en chasuble verte, Guénolé en soutane violette, Pern, Thégonnec, Germain, Corentin qui ressemble à un mage et, en contrepoint, Hervé, le pauvre aveugle, accompagné du petit Guiharan et de son loup domestique... Enfin, portée par des épaules robustes, la lourde arche d'or contenant les précieuses reliques de saint Ronan.

Le tour de la montagne

Est-ce la terrible malédiction qui contribue à rassembler cette foule? Un flot humain serpente sur le parcours du *tro minihy* (tour du monastère, ou de l'asile) qui, tous les six ans, pour la Grande Troménie (la prochaine aura lieu en 1977), devient un véritable *tro ménez* (tour de la montagne) et se répète le dimanche suivant. Il fait chaud, et les 289 m de cette montagne ne paraissent insignifiants qu'à ceux qui ne les ont jamais escaladés. Lorsque les « troméniers » ont parcouru les 12 km (6 pour les petites Troménies) jalonnés de quarante-quatre reposoirs de branchages abritant la statue d'un saint, lorsqu'ils ont traversé les champs et les cours de ferme, franchi les ruisseaux et les marais, accompli les douze stations, passé près de la *kroaz Keben* — seule croix au monde devant laquelle un Breton ne doit jamais se découvrir, parce qu'elle rappelle l'affreuse mégère qui fit au saint son souffre-douleur — et écouté un nouveau sermon sur la montagne, prononcé à l'endroit où l'apôtre venait prier « en tête à tête avec les vents », ils redescendent au village et pénètrent dans la chapelle en passant sous la châsse aux reliques, tenue à bout de bras par ses porteurs.

Le *pardon mut* (muet, car on n'échange — en principe — pas une seule parole pendant tout le trajet) est maintenant terminé. Les statues de Marguerite à genoux sur son dragon, de Corentin et son poisson doré, de Théleau chevauchant son cerf vont, avec leurs quarante et une collègues, rejoindre les niches et les piédestals d'où on les avait tirées, et les assistants vont pouvoir se divertir avant de regagner leurs foyers.

Le pardon est peut-être la manifestation la plus spectaculaire de l'étrange religion mixte de la Bretagne, combinaison de paganisme et de catholicisme, où le profane et le sacré se mêlent intimement. Directement issu des cérémonies celtiques, il consiste essentiellement en une procession effectuée pour obtenir le « pardon » d'une faute ou une grâce quelconque. Surtout répandu dans le Finistère, où la moindre chapelle rustique a le sien, il est moins courant dans les autres départements bretons, où seuls certains grands pardons ont subsisté jusqu'à nos jours.

Parmi les plus fréquentés, il faut citer en premier lieu ceux de Sainte-Anne-d'Auray, métropole religieuse de la Bretagne. Bihebdomadaires pendant toute la belle saison, ils sont particulièrement suivis à la Pentecôte, les 25 et 26 juillet (Sainte-Anne), le 15 août (Assomption) et le premier dimanche d'octobre (fête du Rosaire). Le dernier dimanche d'août, le pardon de Sainte-Anne-la-Palud, l'un des plus pittoresques de Bretagne, attire des dizaines de milliers de croyants et de curieux dans une lande déserte de la baie de Douarnenez. Le pardon international des avocats, à Tréguier (19 mai, fête de saint Yves), celui de Notre-Dame-de-la-Clarté, à Perros-Guirec (15 août), ceux de Plougastel (dernier dimanche de juillet, 15 août et deuxième lundi de septembre), le pardon du feu à Saint-Jean-du-Doigt (23 et 24 juin) et le pardon des terres-neuvas à Saint-Malo (deuxième dimanche de février), où tout le clergé va bénir la mer dans des barques pavoisées, sont au nombre des plus importants, mais il faudrait citer aussi ceux de Rumengol (Trinité), du Folgoët (premier dimanche de septembre), de Saint-Herbot, de Saint-Tugen, de Plouguerneau, de Saint-Cado, de Guingamp, etc.

Dans tous les pardons, la fête profane succède à la fête religieuse, et, après la procession, le *chistr korden* (cidre de corde, c'est-à-dire l'eau du puits) cède la place au vin blanc et aux boissons fermentées. De plus en plus, il s'agit d'une fête foraine sans grande originalité, et les attractions proprement bretonnes deviennent rares. Parmi ces dernières, on remarque les épreuves sportives, lutte (*gourenadez*), lever d'essieux, lancer de pierre lourde, etc., qui permettent aux jeunes gens de faire la preuve de leur vigueur. Accompagnées par le biniou (cornemuse) et la bombarde, sorte de hautbois court, les danses bretonnes sont toujours populaires. Dérivées de la gavotte, elles diffèrent dans chaque *bro* (pays), mais sont toujours pleines de vie, qu'il s'agisse de la « dérobée » du Trégor, du *piler-lann* du Léon, de la *jilgodenn* de la montagne ou du *jabadao* de la Basse Cornouaille. Pour les jeunes, c'est une des dernières occasions de porter le costume et la coiffe traditionnels.

Les recteurs n'ont jamais vu d'un très bon œil le caractère ambigu de ces fêtes, et le clergé moderniste d'aujourd'hui s'en accommode plus mal encore. Selon leur importance, les pardons souffrent de maux différents. Les plus grands, victimes de leur célébrité, perdent leur caractère. Plus ils connaissent le succès, moins ils le méritent. Les plus modestes disparaissent. Les plus originaux s'abâtardissent.

Il y a moins de quarante ans, Madeleine Desroseaux s'extasiait, dans *la Bretagne inconnue*, devant les pittoresques « pardons des chevaux ». Combien ont survécu? Les manèges et les haras prendront-ils la relève des fermes, aujourd'hui mécanisées?

Parfois, les pardons ont été modifiés par la faute même de leurs participants. La chapelle de Saint-Godenec, patron des cochons,

bientôt offrir des locaux d'hébergement et de travail aux étudiants de tous âges. Enfin, à Brasparts, la maison de l'artisanat d'art contribuera prochainement à créer une animation culturelle et artistique dans la région.

Car les amateurs d'art sont aussi concernés que les amoureux de la nature par les activités salvatrices du parc régional. Indépendamment de la beauté de ses paysages, le secteur des monts d'Arrée et ses environs immédiats possèdent un important patrimoine archéologique qu'il importe de préserver. Les enclos paroissiaux de Sizun, de Brasparts et de Commana sont trop célèbres pour être rappelés, mais ceux de *Loqueffret* et de *Lanédern* sont moins connus. L'église de *Saint-Herbot*, qui s'élève dans un site austère, est l'une des plus typiques de la

campagne bretonne. À l'intérieur, le chœur est entouré d'une clôture en bois sculpté finement travaillée, et une pietà naïve surmonte la table de pierre sur laquelle les paysans viennent déposer des touffes de crins arrachés à la queue de leurs vaches pour assurer à celles-ci la protection du saint, patron des bêtes à cornes.

Rumengol, dont l'église, dédiée à Notre-Dame-de-Tout-Remède, possède le plus ancien portail Renaissance de la Cornouaille, est réputé pour ses pardons, notamment celui de la Trinité, où l'on peut admirer tous les costumes régionaux du Finistère. *Le Relecq* abrite les ruines d'une abbaye cistercienne, dont la remarquable église, en cours de restauration, est un des rares édifices romans de la Bretagne, et *Guerlesquin* a établi sa mairie dans

▲ *Au cœur de la forêt de Huelgoat,*
verdure, eaux vives
et chaos de rochers.
(La mare aux Sangliers.)

Vues du cloître, les trois tours
de la cathédrale de Tréguier,
bel ensemble qui inspira
▼ *souvent les peintres.*

rassemblait, près de Guénin, les fidèles d'une cinquantaine de paroisses (Guéméné, Baud, Pluvigner, Auray, Belz, Plouhinec, etc.). À l'issue des vêpres, ceux-ci offraient un porcelet au saint. Les animaux, enfermés dans leur sac depuis le matin, protestaient avec une telle véhémence pendant l'office qu'il fallut changer la formule…

Des églises par milliers

Que l'art breton soit paysan parce que les nobles étaient trop pauvres pour jouer les mécènes, il faut aujourd'hui s'en féliciter : les conditions qui lui ont permis de se développer ont également, en l'éparpillant, assuré sa survie.

Tailleurs de pierre depuis la nuit des temps, les Bretons ont su façonner le rude matériau dont ils disposaient, le granite, pour couvrir la campagne d'une multitude d'églises et de chapelles. Celles-ci datent surtout de l'époque gothique et de la Renaissance. À l'époque romane, le pays était encore trop pauvre pour construire beaucoup. Au XVIIIᵉ siècle, il était ruiné. Le style flamboyant est celui qui a laissé le plus de traces, et les architectes lui ont conservé très longtemps leur faveur. Jusqu'à la fin du XVIIᵉ siècle, malgré les progrès constants du style Renaissance, rares sont les monuments qui ne présentent pas, au moins dans leur décoration, quelques éléments typiquement gothiques.

En dépit de leur variété, les églises rurales bretonnes possèdent un certain nombre de caractères communs. Édifiées selon un plan rectangulaire, elles ont une nef obscure (c'est-à-dire sans fenêtres au-dessus des arcades), couverte par une charpente lambrissée qui évoque une carène de navire. Cette voûte de bois est généralement peinte de couleurs vives, et ses poutres, ses entraits et ses sablières sont abondamment décorés. Il n'y a souvent qu'un seul bas-côté, et les piliers sont cylindriques ou polygonaux.

Quand il n'y a pas de transept, ce qui est le cas le plus fréquent, le chœur est séparé de la nef par un grand arc de pierre, fréquemment traversé par une «poutre de gloire». Portant le Christ en croix, entouré de la Vierge et de saint Jean, cette poutre est habituellement ornée de scènes représentant la Passion. Son poids obligea parfois à la soutenir, et, avec les poteaux, sculptés à leur tour, elle se transforma en jubé. Les jubés des chapelles Saint-Fiacre, près du Faouët, et de Kerfons, non loin de Lannion, sont d'extraordinaires dentelles de bois polychrome.

L'art des sculpteurs sur bois s'exprime également par un grand nombre de statues de saints, des chaires à prêcher, des fonts baptismaux, des niches à volets (contenant généralement un arbre de Jessé), et surtout par des retables d'une prodigieuse luxuriance, où foisonnent les colonnes torses, les guirlandes, les angelots, les pampres, etc.

Si la plupart des figures en relief sont peintes, les fresques sont rares. Celles de l'église de Kernascléden (représentant des épisodes de la vie de la Vierge et du Christ) et celles de la chapelle Kermaria-an-Iskuit (une impressionnante danse macabre), près de Plouha, font figure d'exception. Les vitraux, au contraire, sont encore

*Au pied des monts d'Arrée,
la rivière Ellez
abrite maintenant
une colonie de castors.*

un curieux bâtiment carré du XVIIᵉ siècle, flanqué de quatre tourelles en cul-de-lampe, qui a l'air d'une forteresse-joujou.

Autrefois très boisée, la Bretagne est maintenant l'une des régions de France les plus pauvres en forêts. On doit donc se féliciter que deux des plus importants vestiges des immenses forêts de l'ancien Argoat, « pays des bois », bénéficient désormais de la protection du parc régional. À l'ouest du secteur des monts d'Arrée, la pittoresque forêt domaniale du *Cranou* déroule ses magnifiques futaies de hêtres et de chênes sur 600 ha de terrain accidenté, mais c'est surtout celle de *Huelgoat*, à l'est de ce même secteur, qui attire les touristes. Située au bord d'un vaste étang, elle est traversée par une rivière qui, tour à tour, se dissimule sous un chaos de

gigantesques blocs de granite, bouillonne le long d'une charmante promenade, puis disparaît dans un gouffre impressionnant pour reparaître 150 m plus loin. ■

Le dernier roman

À l'époque romane, au XIᵉ et au XIIᵉ siècle, la Bretagne, qui venait de secouer le joug normand, n'était pas bien riche. C'est ce qui explique que les monuments construits durant cette période ne furent ni très nombreux ni très importants. De plus, la plupart d'entre eux, fort éprouvés par la guerre de succession qui secoua durement le pays au XIVᵉ siècle, furent rebâtis par la suite dans un style différent.

Le style roman tient donc peu de place dans l'art religieux breton. Il

n'en est cependant pas complètement absent, et l'on en trouve, par-ci par-là, de beaux vestiges.

Certains édifices ne sont plus que des ruines. C'est le cas de la curieuse église ronde de *Lanleff* (connue sous le nom de « temple » et inspirée du Saint-Sépulcre de Jérusalem), de l'église abbatiale du Relecq et du ravissant cloître de Daoulas.

Les autres ont été transformés, modifiés, et les éléments romans se mêlent à des apports gothiques ou même Renaissance. Il ne saurait être question d'en dresser la liste complète, mais on peut citer quelques-uns des plus caractéristiques.

L'église Sainte-Croix de *Quimperlé* (imitée, elle aussi, du Saint-Sépulcre de Jérusalem) a été partiellement reconstruite, mais son abside et sa crypte restent les plus beaux témoignages romans en Bretagne.

*Dans l'église de Commana,
la luxuriance baroque
▼ du retable de sainte Anne.*

très répandus, bien que le temps les ait bien éprouvés. Produits par les ateliers de Rennes, de Tréguier ou de Quimper, ils sont souvent d'inspiration italienne ou flamande (Notre-Dame-du-Crann, La Roche, Saint-Fiacre).

À l'extérieur, les deux éléments les plus marquants de l'église bretonne sont le clocher et le porche. Le premier, toujours élégant, souvent « à jour », habituellement agrémenté d'une galerie et de clochetons, servait également de beffroi. Le second, ouvrant de préférence vers le sud, est suffisamment vaste pour servir de salle de réunion aux notables de la paroisse. Très décoré, il contient des bancs de pierre et abrite — ou abritait — les statues des douze apôtres, six de chaque côté. Près de l'église, on trouve souvent une fontaine. Alimentée, dans la plupart des cas, par une source autrefois sacrée, il arrive qu'elle soit encore vénérée, bien que sous d'autres auspices.

L'enclos paroissial et son calvaire

La présence d'une caste de bourgeois fortunés, les « Julots », négociants en toiles de chanvre et de lin, associée à un vieil esprit de clan, générateur de farouches rivalités entre les paroisses, fit éclore dans le centre du Finistère, principalement dans le pays du Léon, une forme typiquement bretonne et très spectaculaire de l'art religieux : l'enclos paroissial.

Inspiré par le culte des défunts, qui a toujours été à la base de la mystique de ce pays où l'« Ankou » (la mort) fait partie de la famille, l'enclos paroissial est d'abord un cimetière, situé en plein centre de l'agglomération et entouré d'un mur, afin que les animaux ne viennent pas souiller les tombes. On franchit ce mur, en général assez bas, par une porte monumentale qui prend parfois des allures d'arc de triomphe, car elle symbolise l'entrée dans la vie éternelle ; à côté de ce cimetière — qui tend d'ailleurs à disparaître —, l'église, maison de Dieu. Les tombes, aux dalles uniformes, sont peu nombreuses. Les concessions à perpétuité étaient inconnues, et un ossuaire permettait de faire de la place aux nouveaux arrivants. D'abord peu important et généralement accolé à l'église, il devint ensuite un édifice indépendant, véritable chapelle funéraire dont les combles servaient de charnier.

Enfin, au milieu de l'enclos, le monument le plus original et le plus caractéristique de l'architecture religieuse bretonne : le calvaire.

La croix, symbole de la passion, de la mort et même de la résurrection du Messie, devait bien vite devenir l'emblème du christianisme. D'abord plantée au sommet d'un menhir pour le « christianiser », elle se dressa ensuite le long des routes, à la croisée des chemins. Après avoir été d'une extrême simplicité, elle s'enrichit

d'un socle figurant la colline où le supplice divin avait eu lieu. La croix du Christ fut ensuite flanquée de celles des deux larrons, et le socle devint de plus en plus volumineux. Sous le nom de *mace*, il se couvrit de personnages illustrant les scènes de la Passion, fit office d'autel et comporta parfois une chaire d'où le prédicateur pouvait désigner aux fidèles, à l'aide d'une baguette, les groupes de statues se rapportant à l'objet de son sermon. Souvent naïve, la sculpture est toujours pleine de verve et très expressive. Dans les grands calvaires, dont certains comportent plus de cent personnages, ce n'est pas seulement la Passion qui est représentée, mais toute l'histoire de la Vierge et du Christ, depuis l'Annonciation jusqu'à la Résurrection. Parfois, on y trouve même des personnages légendaires, comme Catell-Golet, fille de mauvaise vie qui fut enlevée par le diable (Plougastel-Daoulas, Guimiliau). Construits entre la fin du XVᵉ et la fin du XVIIᵉ siècle, ces calvaires constituaient, par leur imagerie parfois cocasse mais souvent impressionnante, une leçon permanente d'histoire sainte pour un peuple encore en majeure partie illettré.

Créés par des équipes d'artisans qui travaillaient plusieurs années dans la même ville, tous les enclos paroissiaux sont intéressants à visiter, et chacun d'eux présente au moins un élément particulièrement remarquable : à Saint-Jean-du-Doigt, c'est la fontaine Renaissance ; à Brasparts, une Vierge de pitié ; à Pleyben, le calvaire peut-être le plus imposant de toute la Bretagne ; à La Roche, le jubé ; à La Martyre, les vitraux ; à Sizun, la porte triomphale et l'ossuaire ; à Commana et à Ploudiry, le porche de l'église ; à Lampaul-Guimiliau, la poutre de gloire... Néanmoins, deux d'entre eux, particulièrement

À Quimper, l'église Notre-Dame-de-Locmaria a été très restaurée.

Presque intacte, l'église de *Loctudy* s'est seulement vue gratifiée d'une façade et d'un clocher neufs au XVIIIe siècle, alors que la basilique Saint-Sauveur, à Dinan, n'a, au contraire, conservé du XIIe siècle que sa façade.

À Saint-Gildas-de-Rhuys, c'est le chœur qui est roman; à Redon, c'est le clocher; à Daoulas, c'est la nef. L'église de Brélévenez, à Lannion, ne possède plus qu'une abside, une crypte et un portail édifiés par les Templiers, alors que la chapelle de Kernitron, à Lanmeur, est encore presque entièrement romane.

Enfin, on ne peut passer sous silence l'austère tour de Hastings, édifiée en calcaire normand, seul témoin de l'ancienne cathédrale romane de Tréguier. ∎

▲ *Inspiré du saint sépulcre de Jérusalem, l'étrange «temple» roman de Lanleff.*

Étonnante d'équilibre et d'audace, la flèche du célèbre clocher de la chapelle du Kreisker
▼ *à St-Pol-de-Léon.*

moins de personnages (une quarantaine) que beaucoup d'autres, mais ses sculptures sont merveilleusement expressives; l'ossuaire réussit la gageure de rendre léger le granite, l'église est un remarquable exemple de la version bretonne de l'architecture Renaissance, et sa chaire sculptée est la plus belle de Bretagne. Tout au plus peut-on regretter une certaine démesure dans la décoration de la porte triomphale, qui fait de celle-ci l'élément le moins élégant de l'ensemble.

L'enclos de Guimiliau, antérieur à celui de Saint-Thégonnec, est, lui aussi, remarquablement complet et original. Son calvaire est un des plus fournis : plus de deux cents personnages tirés de l'Ancien et du Nouveau Testament, mais aussi de l'histoire et des légendes bretonnes, se pressent et se bousculent dans un «instantané» gigantesque, auquel les intempéries ont donné une patine et une couleur incomparables. L'ossuaire, flanqué d'une chaire à prêcher, possède une belle façade décorée de colonnes ioniques, et le grand porche de l'église, orné d'un fronton triangulaire d'inspiration antique et de colonnes corinthiennes, abrite tout un peuple de statues et de statuettes d'une excellente facture. À l'intérieur, la pièce la plus remarquable du mobilier est un magnifique baptistère en chêne sculpté, au baldaquin très ouvragé.

Les enclos paroissiaux et leurs calvaires semblent être une exclusivité du sud du Léon et du nord de la Cornouaille. Il y en a pourtant un en plein Morbihan, à Guéhenno, non loin de Josselin. C'est la seule exception. Pour deux raisons, elle est remarquable. Non seulement ce bourg abrite l'un des sept grands calvaires bretons, mais aussi le seul qui ait pratiquement été construit deux fois, à trois siècles d'intervalle. Érigé en 1550 par Guillonic, il fut mis en pièces pendant la Révolution. Grâce à Dieu (et aux habitants du village), la plupart des morceaux furent récupérés et pieusement conservés. En 1853, le recteur et son vicaire, aussi riches de bonne volonté que dépourvus d'argent, n'eurent d'autre ressource, pour mener à bien la restauration, que de recoller les morceaux et de sculpter eux-mêmes ce qui manquait.

Lorsqu'ils eurent terminé leur travail, il était impossible de faire la différence entre ce qui avait été ciselé sous Henri II et ce qui l'avait été sous Napoléon III.

« Tro-Breiz », le pèlerinage des cathédrales

Toutes les églises bretonnes ne sont pas des chapelles de campagne. Même si les conditions de l'évangélisation et les structures géographiques et religieuses du pays ont, tout d'abord, empêché l'instauration d'une hiérarchie rigoureuse et d'une administration épiscopale très centralisée, le pouvoir des prélats s'imposa néanmoins peu à peu,

spectaculaires, occupent une place prépondérante, Saint-Thégonnec et Guimiliau, résultats heureux d'une compétition douteuse entre deux paroisses rivales.

Construit assez tardivement, l'enclos paroissial de Saint-Thégonnec est l'ultime expression d'un art devenu majeur. Le calvaire comporte

Les Montagnes Noires

Sauvages, solitaires, les *Meneziou-Du*, ou Montagnes Noires, se dressent en pleine Bretagne bretonnante, à cheval sur le Finistère, le Morbihan et les Côtes-du-Nord. Elles ont perdu la plus grande partie des forêts profondes qui leur donnaient leur couleur funèbre, mais les noms des mamelons qui les constituent décrivent encore leur aspect et leur caractère farouche : Ménez-Kam (mont tordu), Toullaëron (trou des voleurs), Ménez-Kelch (montagne du cercle), le Laz (le meurtre), Karrek-an-Tan (roc du feu), Ménez-Ruffel (montagne de la suffocation).

Leur versant nord surplombe la fraîche *vallée de l'Aulne*, fameuse rivière à saumons, si sinueuse que, pour parcourir les 60 km qui séparent sa source, le Beffou, de son embouchure, en rade de Brest, elle en fait le double. À l'extrémité orientale de la chaîne, le point de vue de Laz offre un très beau panorama sur ce site charmant.

C'est évidemment du point culminant des Montagnes Noires, le *roc de Toullaëron* (326 m), que la vue est la plus étendue. Du haut de cette colline aride, on domine un immense paysage de landes et de rocailles, qui, lorsque le temps est clair, s'étend jusqu'aux monts d'Arrée au nord, jusqu'à Chateaulin à l'ouest et jusqu'à l'Atlantique au sud.

Les amateurs de folklore se pressent deux fois par an dans le petit enclos paroissial de *Gourin* : le 1er mai, pour assister au championnat national des *bagadou* (joueurs de biniou et de bombarde), et surtout le dernier dimanche de septembre, pour le pardon des sonneurs bretons, accompagné d'épreuves de lutte et de courses équestres. Les chevaux vont en procession se faire bénir à 5 km de là, à la chapelle de Saint-Hervé, près du bourg de *Saint-Hernin*, qui possède également un enclos paroissial. On peut visiter la belle église de *Roudouallec*, entourée d'arbres énormes et d'imposants mégalithes, et il faut faire le petit crochet qui conduit à *Notre-Dame-du-Crann* : les vitraux de la chapelle, datant du XVIe siècle, sont probablement les plus beaux de toute la Bretagne. ∎

La grand-mère et le saint patron

Beaucoup des innombrables saints que vénèrent les Bretons n'ont pas l'honneur de figurer au calendrier,

▲ *Entre le pauvre et le riche, saint Yves, patron des hommes de loi. (Cathédrale de Tréguier.)*

Porche de la chapelle de Kermaria-an-Iskuit : statues polychromes ▼ *des apôtres.*

et il fallut bientôt, au siège de chaque évêché, construire une cathédrale. Ces édifices furent naturellement bâtis par des ouvriers locaux, mais les évêques, parfois étrangers au duché, et les chanoines imprégnés de culture française firent appel à des maîtres d'œuvre itinérants, ouvrant ainsi la porte aux influences extérieures. D'autre part, l'utilisation du granite, qui n'est pas une pierre facile à travailler, et le manque de moyens financiers ralentirent la construction, qui s'étala sur plusieurs siècles. Il en résulta des édifices composites, d'une taille relativement modeste, si on les compare aux grandes nefs de la Normandie ou de l'Île-de-France, et dont l'aspect n'a rien de spécifiquement breton.

Au Moyen Âge, la coutume du *Tro-Breiz*, ou tour de Bretagne, lança sur les routes un pèlerinage aux sept premiers évêchés du pays, sanctuaires des « sept saints venus de la mer » : Patern à Vannes, Corentin à Quimper, Pol l'Aurélien à Saint-Pol-de-Léon, Tugdual à Tréguier, Brieuc à Saint-Brieuc, Malo (ou Maclou) à Saint-Malo et Samson à Dol-de-Bretagne. Les Rennais et les Nantais d'aujourd'hui s'étonnent à juste titre que Melaine et Pierre n'aient pas été associés à leurs illustres compatriotes, car la Bretagne comportait alors neuf évêchés.

La sanction, pour qui se dérobait au Tro-Breiz, était bien plus sévère que pour la Grande Troménie de Locronan : non seulement le trajet que le coupable devait accomplir après sa mort était infiniment plus long, puisqu'il couvrait plus de 500 km, mais c'était seulement tous les sept ans que le malheureux défunt pouvait avancer « de la longueur de son cercueil ». De quoi occuper une bonne tranche d'éternité... (La menace ne semble pas avoir eu l'effet escompté, car cette pratique tomba en désuétude à la fin du XVIe siècle.)

Il était permis de commencer le pèlerinage par n'importe lequel des sept sanctuaires, et, pour des hommes qui n'hésitaient pas à prendre la route de Compostelle ou à se rendre à Rome, le périple imposé ne présentait pas de difficultés particulières. Peu de temps après la guerre de succession (à la fin du XIVe siècle), les bourgeois de *Vannes* dénombrèrent plus de trente mille pèlerins en une année. À cette époque, le lourd clocher roman de la cathédrale avait déjà cent ans d'âge, mais il n'était pas encore coiffé d'une flèche de pierre, et encore moins flanqué d'un porche néogothique. Maintes fois remanié, l'édifice possède de délicats portails gothiques, de belles fenêtres dentelées et une surprenante chapelle ronde, élevée sur son flanc par un archidiacre épris de style italien.

La cathédrale de *Quimper* — qui s'est longtemps appelée Quimper-Corentin en souvenir de son premier évêque — est la plus homogène de Bretagne, et rien ne distingue, à première vue, les élégantes flèches du reste de la construction. Ce n'est pourtant qu'en 1854 qu'elles ont remplacé leurs courtes coiffes coniques, recouvertes de plomb, que les Quimpérois avaient familièrement baptisées « les éteignoirs de Saint-Corentin ». Entre les tours, un cavalier de pierre domine les toits : c'est Gradlon, le roi de l'ancienne capitale de la Cornouaille, la légendaire ville d'Ys, engloutie par la mer parce que la peu vertueuse princesse Dahut s'était donnée (entre autres) au diable.

Saint-Pol-de-Léon n'est plus un évêché, mais l'ancienne cathédrale, inspirée de celle de Coutances, est toujours là. Fine, élégante, parfaitement équilibrée, elle ne souffre pas de la comparaison avec la toute proche chapelle du Kreisker, au clocher célèbre, véritable prototype du clocher breton. Bien des détails de son architecture rappellent la Normandie, mais d'autres évoquent la Bretagne; en outre, pour sa construction, on a utilisé à la fois la pierre de Caen et le granite breton. Un mariage heureux entre voisins...

Tugdual, saint patron de *Tréguier*, était moine, et c'est l'abbaye qu'il avait créée au-dessus de la verte vallée du Jaudy qui est à l'origine de la ville. Rebâtie au XIVe siècle pour abriter le corps de saint Yves, la cathédrale, ravagée sous la Révolution, a été fort bien restaurée. Elle est bordée d'un cloître ravissant, fleuri d'hortensias et peuplé de gisants de pierre, d'où l'on voit pointer ses trois clochers : la vieille tour de Hastings, vestige de l'ancien édifice roman, la flèche ajourée, édifiée il y a deux siècles à peine, et la « tour du Sanctuaire », restée inachevée, qui occupe la croisée du transept.

Moine également, saint Brieuc était gallois. Lorsqu'il débarqua avec ses disciples dans l'estuaire du Gouët, il fonda une abbaye qu'il plaça sous la protection de saint Étienne. L'actuelle cathédrale de *Saint-Brieuc*, édifiée au XIIIe siècle sur la tombe du prieur, a conservé,

leur notoriété n'ayant jamais dépassé les limites de leur province, parfois même de leur village. Un certain nombre d'entre eux présentent cependant un indiscutable caractère d'authenticité. C'est notamment le cas du patron des marins, saint Jacques, et de celui des jardiniers, saint Fiacre, de l'archange saint Michel, de sainte Barbe, qui protège de l'orage, de sainte Apolline, qui guérit les maux de dents, et de quelques autres.

Parmi ces saints « officiels », deux occupent une position prépondérante, sainte Anne et saint Yves. Éloquent résumé de l'éclectisme armoricain, qui s'est choisi pour mère un personnage presque mythique et pour saint patron un homme de loi du Moyen Âge, très réel et canonisé selon les règles.

Si sainte Anne, mère de la Vierge Marie, est la grand-mère de Jésus, elle est aussi celle de tous les Bretons. Une légende aussi peu orthodoxe que solidement implantée en Armorique fit longtemps d'elle une princesse persécutée de Cornouaille, transportée par les anges en Judée où elle aurait épousé saint Joachim. Revenue finir ses jours dans son cher pays, elle y reçut la visite de son petit-fils, Jésus, qui fit, à cette occasion, jaillir la source sacrée de Sainte-Anne-la-Palud.

Avec de telles références, il n'est pas surprenant que sainte Anne soit devenue une sainte majeure dans sa patrie supposée. Elle s'y est d'ailleurs manifestée à plusieurs reprises. Sa dernière apparition remonte à 1623 : elle apparut à un cultivateur de Sainte-Anne-d'Auray pour lui demander de relever une ancienne chapelle qui lui était consacrée.

▲ *Les flèches de la cathédrale de Quimper ont quatre siècles de moins que les tours qu'elles coiffent.*

Le clocher roman de la cathédrale St-Pierre, maintes fois remaniée, domine le vieux quartier
▼ *de Vannes.*

Parmi toutes les assimilations dont les élus ont bénéficié en Bretagne, sainte Anne constitue un exemple typique : elle a été littéralement intégrée au patrimoine local, symbole d'un pays où l'on vénère les aïeules — « dy coz », ou « mémé ».

Yves Hélory de Kermartin naquit en 1253 dans une famille seigneuriale des environs de Tréguier. La légende n'a pas encore déformé son histoire. D'une très grande sévérité envers lui-même et d'une immense bonté envers les autres, ce Salomon breton fit des études de droit à Orléans et à Paris, puis revint dans son pays et s'y fit prêtre. Il fuyait les honneurs et cherchait les détresses à soulager. Occupant la charge de juge ecclésiastique, il lui arrivait de ne pouvoir retenir ses larmes au moment de rendre sa sentence.

« Miroir des ecclésiastiques, avo- →

malgré de nombreux remaniements, un aspect guerrier. Église-forteresse, elle a résisté victorieusement à trois sièges grâce à ses créneaux, à ses mâchicoulis, à ses échauguettes et aux tours à poivrière qui défendent le transept.

Les dimensions réduites de l'ancienne cathédrale de *Saint-Malo,* la plus petite de Bretagne, lui ont permis de subir sans trop de dommages la Seconde Guerre mondiale. Un des obus qui réduisirent la ville en poussière faucha sa haute flèche ajourée, mais celle-ci ne datait que de 1859 et elle a été reconstruite. Les charpentes brûlées ont été remplacées et les voûtes ont été restaurées. Seules concessions au goût du jour : les vitraux, qui sont d'un modernisme allant parfois jusqu'au non-figuratif, et le chemin de croix.

L'ancienne cathédrale Saint-Samson, à *Dol-de-Bretagne,* est du plus pur style gothique normand. Si la façade, médiocrement refaite au XVIe siècle, est assez triste, le grand porche est très beau, et l'intérieur, éclairé par une magnifique verrière du XIIIe siècle, évoque,

par ses proportions imposantes, l'époque — qui dura plus de trois siècles — où l'évêque de Dol, supplantant l'archevêque de Tours, bénéficiait de la charge de métropolitain.

C'est là que s'achevait jadis le Tro-Breiz. Aujourd'hui encore, les deux dernières cathédrales de Bretagne, peut-être parce qu'elles sont plus citadines, ne semblent pas faire tout à fait partie de la « famille ».

À l'exception de ses deux tours, commencées en 1514, mais achevées seulement en 1703, la cathédrale Saint-Pierre de *Rennes* est du XIXe siècle. L'intérieur, très riche, s'enorgueillit d'un beau retable du XVe siècle, en bois sculpté et doré, mais celui-ci est flamand. Quant à celle de *Nantes,* c'est une des plus belles réussites du style gothique flamboyant, mais elle est construite en tuffeau blanc de Saumur et n'a que peu d'attaches avec l'art breton. Bombardée en 1944, elle a été victime, en 1972, d'un violent incendie qui a détruit charpente et toiture et ravagé la nef, dont les voûtes et les verrières venaient tout juste d'être restaurées.

cat et père des pauvres, des veuves et des orphelins », le saint patron de la Bretagne est aussi celui des avocats et des magistrats du monde entier. Le jour de sa mort, le 19 mai 1303, est commémoré par tous les Bretons, qui en ont fait leur fête nationale. Il fut canonisé (ce qui n'est pas le cas de tous les saints bretons) en 1347, soit moins de cinquante ans après son décès (ce qui n'est pas non plus arrivé souvent aux autres saints). ■

Sous le signe du soleil

Les souvenirs du culte solaire ne manquent pas en Bretagne. Les alignements de menhirs ont traversé les millénaires. Les fêtes et les feux, au moment du solstice d'été, ont résisté à la christianisation. Bien des recteurs s'en sont formalisés, mais le porche principal des églises, au cœur des enclos paroissiaux, n'était-il pas orienté vers le midi? Le solstice d'hiver, instant où le jour triomphe de la nuit, a bien été choisi pour commémorer la venue du Messie sur la terre.

On a attribué à un curieux objet une signification solaire. La « roue de fortune », appelée aussi « roue à clochettes » ou « roue à carillon », est fixée sur l'un des murs du sanctuaire ou suspendue à la voûte. Son moyeu est garni de clochettes, que l'on peut faire tinter en actionnant la roue à l'aide d'une corde.

Ces étranges roues se retrouvent dans diverses églises rurales de la Basse Bretagne, notamment à Comfort, à Laniscat, à Kerien, à Locarn, à Saint-Nicolas-du-Pélem et à Berhet.

Leurs rayons figurent, croit-on, ceux de l'astre du jour. Faute de précisions sur leur véritable destination, on fait sonner celle de Comfort pendant l'élévation, tandis que celle de Locarn ne tinte qu'une fois par an, le jour de la Saint-Hernin. Ces objets auraient, paraît-il, le pouvoir de faire parler les petits enfants qui ne s'y décident pas assez vite. ■

Les fêtes folkloriques

Non seulement la part des réjouissances profanes qui se juxtaposent aux fêtes chrétiennes augmente sans cesse, mais les manifestations folkloriques non religieuses, sous l'influence de fédérations actives, sont en plein renouveau. Un symptôme est, à cet égard, très révélateur : la Bretagne « exporte » — pour la première fois depuis longtemps — ses chanteurs dans la France entière. De Dunkerque à Collioure, on connaît désormais Glenmor, Jef Philippe et Alan Stivell.

Le Congrès interceltique se réunit annuellement, tour à tour dans chacun des six pays frères : Irlande, Écosse, île de Man, pays de Galles, Cornwall et Bretagne, auxquels s'est jointe, depuis peu, leur « cousine », la Galice. Il devrait renforcer la volonté de ses membres d'affirmer leur particularisme et leur personnalité.

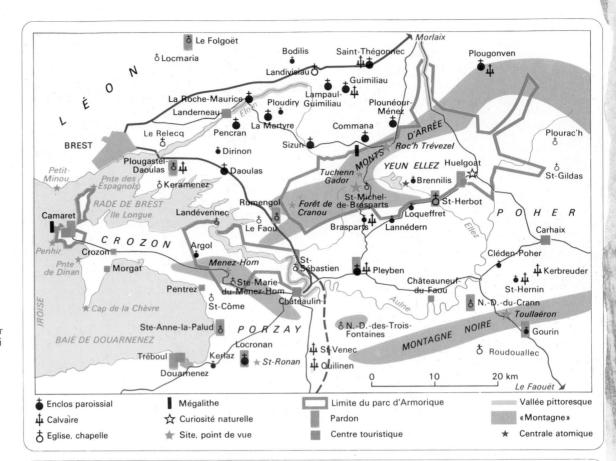

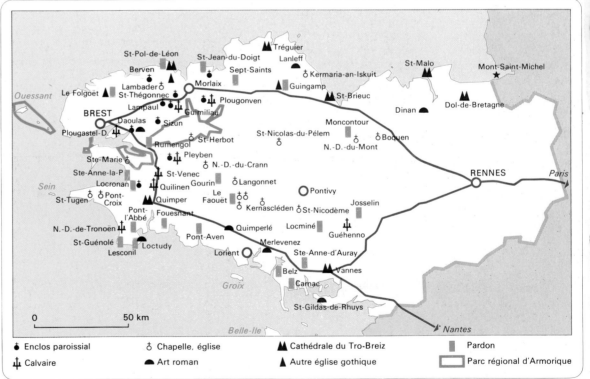

Voici quelques-unes des manifestations folkloriques les plus importantes :

Brest — *Festival international des cornemuses* (avec la participation, entre autres, de bag-pipers écossais) — 1er dimanche d'août et jeudi précédent.

Concarneau — *Fête des Filets bleus* — Avant-dernier dimanche d'août.

Douarnenez — *Fête des Mouettes* (nombreux groupes folkloriques et bénédiction de la mer) — 3e dimanche de juillet.

Lorient — *Festival du bagadou* — Début août.

Pont-Aven — *Fête des Fleurs d'ajonc* — 1er dimanche d'août.

Quimper — *Grandes fêtes de Cornouaille* (merveilleux costumes, la plus importante manifestation folklorique d'Europe) — 4e dimanche de juillet et quatre jours précédents.

Vannes — *Fête d'Arvor* — 15 août. ■

▲ *Le parc naturel régional d'Armorique et les enclos paroissiaux.*

▲ *Les principaux monuments religieux de la Bretagne.*

la Bretagne des citadelles
et des châteaux

▲ *Sur le chemin
de ronde
de Fougères,
la tour du Hallay
et son toit
à poivrière.*

Haute de 30 m, ▶
*la tour Mélusine,
un des ouvrages
les plus puissants
de la forteresse
de Fougères.*

◀ *Douves,
pont-levis
et tours rondes
protégeaient le
châtelet d'entrée
de Vitré.*

Il reste une partie ▶
*des remparts qui,
prolongeant
ceux du château,
ceinturaient
la ville de Fougères.*

2. Manoirs bretons

Dotée de voisins aux dents longues,
le royaume de France et la Normandie des Plantagenêts,
la Bretagne du Moyen Âge, pour préserver son indépendance,
dut garnir sa frontière de solides sentinelles de pierre,
l'énorme citadelle de Fougères et la ville close de Vitré.

*Bardé de tours, ▶
le château triangulaire de Vitré,
bastion de l'ancienne place forte.*

En plein cœur
de la Bretagne,
au bord d'une rivière
dont les eaux tranquilles
flânent parmi les joncs,
le château de Josselin
dissimule,
derrière la façade sévère
d'une farouche
place de guerre,
un somptueux
palais gothique
où architectes
et sculpteurs
ont rivalisé
de virtuosité.

Sur la façade ouest, ▶
puissantes tours,
courtines
et mâchicoulis.

▶▶
Côté cour,
toute la richesse
du style gothique
flamboyant.

6. Manoirs bretons

◄ *Architecture classique
et vaste jardin à la française :
la Bourbansais,
aux environs de Dinan.*

*Châteaux forts,
manoirs et simples fermes fortifiées
ont cédé la place, après le Moyen Âge,
à des gentilhommières plus pacifiques;
mais ce n'est pas sans nostalgie
que grands seigneurs et nobliaux
renoncèrent à ces symboles
de leur indépendance.*

▲ *Dans la vieille demeure féodale
de Combourg se déroula
une partie de l'adolescence
de Chateaubriand.*

▲ *Le château des Rochers,
propriété de la marquise de Sévigné,
et sa curieuse
chapelle octogonale.*

*À l'orée de la forêt de Brocéliande ▶
Trécesson, dont l'étang reflète
les hautes murailles et les toits d'ardoise.*

▲ *Derrière la forteresse-palais de Josselin,*
la flèche de la vénérable basilique
Notre-Dame-du-Roncier.

Q uand on entend rester maître chez soi, il faut être prêt à se défendre contre quiconque menace votre liberté. Et comme le goût de l'indépendance fut longtemps poussé, chez les Bretons, jusqu'au fanatisme, la Bretagne s'est hérissée, depuis le Moyen Âge, d'une profusion de forteresses et de remparts. Comme le dit si bien une très ancienne et très sage comptine :

> *Car liberté est délectable*
> *Et belle et bonne et proufitable!*
> *Pour ce, chacun la désiroit*
> *Garder très bien. C'était leur droit.*

Sévères, massifs, taillés dans un granite dont les années n'émoussent pas les arêtes vives ou dans un schiste dur aux lamelles presque noires, couronnés de créneaux ou chapeautés d'ardoises bleues, les châteaux bretons ont un « air de famille », qu'il s'agisse des puissantes citadelles édifiées par des techniciens de l'art militaire ou des modestes manoirs fortifiés par des hobereaux parfois plus paysans que châtelains. On est loin des aimables châteaux de pierre blanche du Val de Loire! Ici, on ne visait qu'à l'efficacité, se souciant si peu de la mode que le style Renaissance dut attendre le XVIIᵉ siècle pour faire son apparition.

La Bretagne se barricade

Devenue duché au Xᵉ siècle, l'ancienne marche de Bretagne, créée par Charlemagne, se trouva tour à tour, par le jeu des alliances et des successions, vassale des rois de France ou des princes anglo-normands. Ses puissants suzerains avaient les dents longues, et la Bretagne, pour préserver son indépendance, dut monter une garde vigilante sur ses frontières.

On commença par édifier d'imposantes forteresses à l'est, sur la frontière française, puis on se ménagea une ligne de retraite en élevant des châteaux forts moins importants à la limite du pays bretonnant. Et enfin, parce que le péril pouvait aussi venir de la mer, on transforma les villes côtières en citadelles. Mais on ne pouvait pas surveiller toutes les routes et toutes les criques. De plus, le pays n'était pas sûr : les seigneurs, bravant l'autorité ducale, guerroyaient souvent entre eux, et des bandes de pillards sillonnaient les campagnes. Si bien que chacun se barricada chez soi et que le moindre repli du sol breton finit par abriter de solides murailles.

Au cours des siècles, l'art de la fortification évolua en fonction du progrès de l'armement. Les donjons, d'abord carrés, devinrent polygonaux, puis ronds, et s'élevèrent de plus en plus haut, sur des fondations de plus en plus massives. Ils s'entourèrent de murs et de fossés, de barbacanes et d'avant-postes, et se doublèrent d'un logis seigneurial, de communs, d'une chapelle... Constamment renforcés, modifiés, transformés, les châteaux bretons résistèrent aux injures des siècles, aux assauts des hommes et même aux vicissitudes de la guerre de la Succession qui, au XIVᵉ siècle, transforma la Bretagne en champ clos. Il fallut les explosifs de Richelieu, acharné à détruire ces symboles de la féodalité, pour en venir à bout. Heureusement pour nous, certains échappèrent à la destruction, d'autres furent restaurés, et beaucoup de ruines sont encore spectaculaires.

Fougères, une Conciergerie bretonne

C'est bien entendu en première ligne, sur la frontière séparant le duché du royaume de France, que se trouvent les plus puissantes des forteresses bretonnes, Fougères et Vitré.

Au premier abord, la situation de l'énorme citadelle de Fougères, que Victor Hugo appelait « la Carcassonne du Nord », surprend : les places fortes sont plus souvent édifiées au sommet d'un piton qu'au fond d'une vallée, en contrebas de l'agglomération placée sous leur protection. C'est oublier que, jusqu'à l'invention de l'artillerie, aucune menace grave ne pouvait fondre du coteau sur lequel est bâtie la ville, et le méandre du Nançon qui enserrait alors le château couvrait les alentours d'un glacis de marécages propre à tenir l'ennemi en respect.

Rasée en 1166 par le roi d'Angleterre, Henri II Plantagenêt, et aussitôt rebâtie, investie par Philippe le Bel en 1307, conquise par du Guesclin en 1373, par les Anglais de Surienne en 1445 et par les Français de La Trémoille en 1488, cette citadelle, qui paraît invincible, devenue le bastion de la chouannerie, fut vaincue une dernière fois, en 1793, par l'armée vendéenne de La Rochejaquelein.

Aujourd'hui, tous les bâtiments intérieurs de la forteresse ont disparu, mais l'enceinte (restaurée à la fin du siècle dernier), avec ses treize tours, chapeautées de toits d'ardoise pointus, et ses courtines de granite doré, striées de lignes horizontales de pierre blanche, semble prête à soutenir un nouveau siège. Elle se raccordait autrefois aux remparts de la ville, formant un ensemble défensif que Victor Hugo, venu à Fougères travailler à son livre *Quatrevingt-Treize* — et peut-être un peu troublé par la présence de Juliette Drouet, la belle Fougeraise —, comparait à ... une cuiller! « La cuiller, c'est le château, le manche c'est la ville. Sur le château, rongé de verdure, mettez sept tours, toutes diverses de formes, de hauteur et d'époques. Sur le manche de ma cuiller, entassez une compilation inextricable de tours, de tourelles, de vieux murs féodaux chargés de vieilles

Largoët : de la belle ouvrage

À Elven, près de Vannes, se dressent dans un parc, au bord d'un étang mort, deux tours désolées, mangées par la végétation. Deux sœurs curieusement dissemblables... L'une ronde, reconvertie, à cause de ses fenêtres à meneaux, en pavillon de chasse. L'autre octogonale, plus fière encore, et abandonnée à sa solitude. Toutes deux surmontées de défenses très étudiées — tourelle à pans coupés pour la première, fortin en retrait pour la seconde — et séparées seulement par le bâtiment d'entrée qui porte haut le blason des sires de Malestroit. Cadre romantique où Octave Feuillet situa l'un des principaux épisodes de son *Roman d'un jeune homme pauvre*.

Si ses restes ont encore grande allure, c'est que la forteresse de Largoët était « de la belle ouvrage ». Bâtie à la fin du XIVe siècle sur une plate-forme rocheuse émergeant des marécages, elle fut édifiée avec un soin méticuleux par le connétable Jean et relevée avec le même souci de perfection par le maréchal de Rieux, un siècle plus tard, après que les soudards de Charles VIII y eurent, selon leur habitude, « bouté le feu ».

Le donjon octogonal stupéfie par sa hauteur (57 m), par l'épaisseur de ses murs (9 m), par son appareil de granite intact et par ses six étages qu'il faut gravir pour mieux comprendre l'importance de sa position stratégique : du sommet, l'œil balaie toute la région, de l'échine boisée des landes de Lanvaux, au nord, jusqu'aux jeux d'eau et de lumière du golfe du Morbihan, au sud. ■

▲ *Seuls vestiges (avec la porte)*
du château fort de Largoët,
les indestructibles tours d'Elven.

Flanquée de deux tours rondes,
la tour carrée de la Haye-Saint-Hilaire
▼ *défend l'entrée de la citadelle de Fougères.*

chaumières, de pignons dentelés, de toits aigus, de croisées de pierre, de balcons à jour, de mâchicoulis, de jardins en terrasse. Attachez ce château à cette ville, et posez le tout en pente et en travers dans une des plus vastes et des plus profondes vallées qu'il y ait. Coupez le tout avec les eaux vives du Couesnon... »

Il y a erreur sur le nom de la rivière et sur le nombre des tours du château, mais la description a plus de relief que le minutieux inventaire dressé par Balzac dans *les Chouans*. Il n'y manque que les

vertes frondaisons des abrupts au-dessus de la rivière et, sur le plateau, vers le midi, les sombres ondulations d'une forêt d'où surgit, au loin, la vieille tour solitaire de Saint-Aubin-du-Cormier.

La visite de cette « Conciergerie de la Bretagne », que la duchesse Anne appelait « la clef de ma cassette », permet d'apprécier la complexité de ce formidable appareil défensif. L'entrée, jadis précédée d'ouvrages aujourd'hui disparus et protégée par un fossé alimenté par le Nançon, est défendue par trois tours du XIIIe siècle,

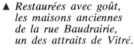 *Restaurées avec goût, les maisons anciennes de la rue Baudrairie, un des attraits de Vitré.*

Mme de Sévigné aux Rochers

Vitré connut une heure de gloire au XVIIe siècle, quand les états de Bretagne y tinrent régulièrement leurs assises. De son château des Rochers, tout proche, Mme de Sévigné tenait une chronique primesautière et acide de la vie locale, «cette vie insipide» menée par de prétentieuses péronnelles «bariolées comme des chandelles des rois» et rebaptisées «de Kerborgne et de Kerlouche» par une plume sans indulgence.

On retrouve le souvenir de la railleuse marquise dans la demeure où elle venait se mettre au vert, moins par goût que par nécessité financière. C'est un simple logis en équerre autour d'une tourelle d'angle à pans coupés, surmonté d'un toit impressionnant. Le château est une propriété privée, mais on visite la chambre de la célèbre épistolière, où sont groupés des objets usuels — dont un étonnant «vase de toilette» — et son portrait par Mignard, la curieuse chapelle octogonale (seule construction commandée, semble-t-il, par elle) et le jardin, «tout à fait sur le dessin de Le Nôtre», dont elle parlait avec tendresse. Ses orangers en caisse conduisent encore au «petit rediseur de mots jusque dans l'oreille», mur courbe qui amplifie les sons, et les arbres centenaires se couvrent toujours de «fenouil confit» à la froide saison… ■

Les deux visages de Pontivy

En plein Arcoat, dans une vallée verdoyante, sur le canal de Nantes à Brest qui emprunte ici le cours du

---

percées de meurtrières, disposées en triangle et reliées par des courtines à créneaux. L'assaillant réussissait-il à passer le pont-levis? Il se trouvait dans une première enceinte, sous le tir croisé des défenseurs et devant une seconde douve, toujours alimentée par l'inépuisable Nançon. Franchissait-il cet obstacle? Il lui fallait alors pénétrer dans l'enceinte principale. Protégée par quatre nouvelles tours, ceinturée de remparts couronnés par un chemin de ronde, cette dernière n'enferme plus qu'un jardin boisé de 2 ha et un théâtre de verdure; mais elle était autrefois encombrée de bâtiments formant autant de nids de résistance, qu'il fallait enlever un par un. Les défenseurs pouvaient encore se retrancher dans le «réduit», troisième enceinte protégée par deux ouvrages particulièrement puissants, la tour Mélusine et la tour du Gobelin. Dans cette enceinte se dressait autrefois un énorme donjon octogonal, mais il ne fut pas rebâti après la destruction de 1166, et il n'en reste que le socle. Enfin, dans les cas désespérés, la garnison disposait d'un ultime recours, la poterne d'Amboise qui, protégée par un avant-poste triangulaire, permettait de gagner la ville. La poterne donne aujourd'hui sur le vide.

Du haut de la tour Mélusine — construite à la fin du XIIIe siècle par les Lusignan, alors seigneurs de Fougères, et baptisée du nom de la fée dont, en toute modestie, ils prétendaient descendre —, on domine toute la forteresse, les douves au-delà desquelles l'église Saint-Sulpice dresse sa flèche gothique, et l'on a un joli point de vue sur l'agglomération. La puissante tour Raoul ne date que du XVe siècle et a été bâtie pour recevoir des canons; elle abrite un intéressant musée de la chaussure, principale industrie de la ville depuis le siècle dernier.

Vitré, défi au Maine et à l'Anjou

Porte de la Bretagne en direction de l'est, Vitré est située dans la vallée encaissée de la Vilaine, au cœur d'une région parsemée d'étangs. L'ancienne ville close — la plus médiévale d'aspect de toute la Bretagne — est construite sur un promontoire dont la pointe est occupée par la masse altière du château, face à la falaise boisée des Tertres noirs. Camaïeu de gris mats ou luisants, dominant la fraîcheur verte de la vallée, la forteresse, piquetée de poivrières aiguës, se prolonge par un anneau de remparts enserrant un fouillis de toits.

Pièce majeure de l'échiquier militaire breton, le fief appartint d'abord à la famille de Riwallon qui, au XIe siècle, bâtit un premier château et, au XIIIe siècle, entoura la ville de murailles. La baronnie passa ensuite aux mains des seigneurs de Laval qui, du XIVe au XVIe siècle, édifièrent la forteresse actuelle (récemment restaurée). Ouverte aux idées de la Renaissance sous les Montfort, Vitré devint protestante avec les Rieux-Coligny et, en 1589, résista vaillamment au

---

duc de Mercœur, chef de la Ligue en Bretagne. Au XVIIe siècle, elle passa à la famille de La Trémoille, qui la conserva jusqu'à la Révolution.

Longtemps célèbre pour son chanvre et ses draps, Vitré a gardé, à l'ombre de sa forteresse, son aspect de petite ville industrieuse. C'est un plaisir que d'arpenter ce qui reste de ses glorieux remparts et de gravir les rues capricieuses qui montent au château. Marchands de souvenirs et antiquaires y tiennent, bien entendu, le haut du pavé, mais leur encombrante présence ne parvient pas à détruire le charme des étroites maisons à colombage qui s'épaulent les unes les autres.

Voici le château sur son esplanade, bloc de granite d'une unité rare, avec ses hautes murailles presque aveugles, étayées par une alternance de grosses tours rondes et de frêles tours carrées. Au centre, protégeant le pont-levis, qui enjambe toujours les douves, et la porte en ogive, un châtelet d'entrée d'une étonnante perfection s'arrondit en deux tours jumelles, couronnées de toits pointus aux reflets tourterelle et ceinturées d'un chemin de ronde à mâchicoulis.

Bâtie — dans sa forme actuelle — entre 1380 et 1420 (environ), la forteresse de Vitré illustre parfaitement l'évolution de la stratégie militaire depuis la construction de Fougères. Le château s'est replié sur lui-même, les courtines se sont haussées jusqu'au sommet des tours, le donjon (appelé «tour Saint-Laurent») s'est incorporé aux remparts, et le corps de logis, maintenant remplacé par un hôtel de ville moderne, formait, comme le châtelet d'entrée, une partie de l'enceinte. Le château de Vitré, derrière son pont-levis, se réduit à un triangle dont le troisième côté est constitué par une épaisse muraille, renforcée par deux tours à l'une desquelles est accrochée une absidiole Renaissance, surprenante dans ce décor médiéval.

Les remparts de la ville close sont réduits à l'état de vestiges au sud, mais ils sont toujours debout à l'est et au nord (le château formant la partie ouest de l'ancienne enceinte) et ne comportent qu'une seule ouverture, la poterne Saint-Pierre. Non loin de là, l'église Notre-Dame, qui date du XVe siècle, porte sur son flanc sud une curieuse chaire extérieure, d'où le clergé soutenait des controverses épiques avec les prédicateurs protestants installés sur le balcon de la maison en face.

Au cœur de l'Arcoat, Josselin

Derrière la paisible et grasse campagne du pays gallo, l'orée de la Bretagne bretonnante apparaît avec les premières crêtes de l'Arcoat, «Pays des bois», ces bois jadis si touffus dans tout l'intérieur de la péninsule. Attaquée sans trêve et sur tous les fronts, à la hache et à la charrue, l'antique forêt des druides a rétréci comme une peau de

Blavet, la petite ville de Pontivy offre deux aspects bien dissemblables. Fondée au VIIᵉ siècle par saint Ivy, un moine celte, venu de Grande-Bretagne, qui jeta un pont sur le Blavet, elle devint ensuite le fief de la famille de Rohan. Celle-ci s'y retirait, durant les périodes où Josselin n'était que ruines et que cendres, dans le château d'une simplicité redoutable qu'elle s'y était fait édifier en 1485. À la fin du XVᵉ siècle, ce rectangle trapu, accroupi sur son talus et renforcé aux angles par d'énormes tours rondes, plus larges que hautes — les plus massives de Bretagne! —, constituait le nec plus ultra en matière de résistance aux ravages de l'artillerie. De l'époque des Rohan, il reste une vieille bourgade pittoresque, aux ruelles sinueuses, dotée d'une église gothique joliment dénommée Notre-Dame-de-la-Joie.

Au moment de la Révolution, Pontivy se découvrit une âme farouchement républicaine. Dans cette région résolument royaliste, c'était une originalité, et cela lui attira la sympathie des nouveaux maîtres du pays. Bonaparte y fit construire divers édifices publics, puis, devenu empereur, décida d'en faire le centre militaire de la Bretagne. Une agglomération nouvelle, au tracé géométrique, surgit à côté de l'ancienne, et la ville prit le nom de « Napoléonville » (sous le premier et le second Empire). La vaste esplanade et les façades austères de la place Aristide-Briand font un curieux contrepoint à la pittoresque place du Martray, cœur de la vieille ville, et à ses maisons moyenâgeuses.

Peu de régions de la Bretagne

→

▲ *Aussi larges que hautes, les tours du château des Rohan, à Pontivy, datent du XVᵉ siècle.*

À la fois tour d'angle et donjon, la puissante tour Saint-Laurent
▼ *de la citadelle de Vitré.*

chagrin, et l'Arcoat connaît aujourd'hui la douceur des champs coupés de haies et des vertes prairies, des vallons aux ombres bruissantes et aux eaux vives, des routes encaissées qui serpentent entre deux murailles de fougères et des maisons aux toits bas qui s'enfouissent dans des buissons d'hortensias.

Pourtant, la terre se déchire parfois sur une arête de schiste. Ailleurs, la lande affleure déjà, avec ses genêts, ses bruyères et ses rochers de granite, et il traîne encore de grands lambeaux des profondeurs humides, aux étangs perfides et aux brumes maléfiques, de la forêt celtique qui, au Moyen Âge, formait toujours, au cœur du pays, un noyau hostile, auréolé de légendes et d'enchantements, tanière de gueux et de factieux que l'étranger n'abordait qu'avec une méfiance justifiée.

Les châteaux qui, sur cette seconde ligne de défense, contrôlaient les rares trouées de cette forêt n'ont pas l'envergure des citadelles de la frontière orientale. Le plus célèbre et le mieux conservé est celui de Josselin, petite ville pittoresque accrochée à un coteau escarpé, au-dessus d'une rivière sage, l'Oust. Une première forteresse, élevée au XIᵉ siècle sur un socle de rocher, fut rasée par Henri II d'Angleterre en 1168. Rapidement rebâtie, elle prit une part importante à la guerre de la Succession sous le commandement du farouche Beaumanoir, celui qui « buvait son sang » pour se rafraîchir. Reconstruit à la fin du XIVᵉ siècle par le connétable de Clisson, qui le dota de neuf tours imposantes, le château passa ensuite aux Rohan, qui en sont toujours propriétaires. Démantelé en 1488 par le duc François II, doté au XVIᵉ siècle d'un nouveau corps de logis grâce aux largesses de la duchesse Anne, le château, devenu un fief du protestantisme, fut durement malmené par Richelieu. En 1629, celui-ci fit abattre cinq des neuf tours et annonça la nouvelle à Henri de Rohan, en lui disant benoîtement, dans un couloir du Louvre : « Je viens, monsieur, de jeter une bonne boule dans vos quilles. » Restauré au XIXᵉ siècle, le château est régulièrement habité depuis.

Le résultat de toutes ces tribulations est un édifice à deux visages. Place de guerre médiévale face à l'Oust, il domine les eaux lisses, les joncs et les saules de la rivière de trois cônes d'ardoise fichés au sommet de tours rondes, identiques et formidables, jaillies dru du rocher, et liées l'une à l'autre, jusqu'à mi-hauteur, par une muraille austère. Au-dessus du chemin de ronde à mâchicoulis, les combles sont égayés par des lucarnes inattendues qui annoncent la façade sur cour, du côté de la ville. Là, plus de forteresse, mais un palais. Le dur granite a été ciselé avec un art et une maîtrise qui dépassent tout ce que l'on peut voir en Bretagne. Sur la haute toiture, qui ne recouvre qu'un long rez-de-chaussée, dix magnifiques lucarnes posent une aérienne dentelle d'accolades, d'arabesques, de fleurons et de pinacles...

intérieure ont un aspect aussi souriant que celui des environs de Pontivy. Les prés sont verts, les collines boisées, les vieilles fermes ont des toits de chaume, et de jolies chapelles pointent leur flèche de granite au-dessus des frondaisons. Les plus connues sont celles de Stival, de Sainte-Noyale, de Noyal-Pontivy et de Saint-Nicodème, mais ce ne sont pas les seules.

Au nord de Pontivy, près de Mur-de-Bretagne, le long et sinueux *lac de Guerlédan*, créé en 1929 par le barrage du Blavet, s'étend sur plus de 10 km dans un site d'une sauvage grandeur. La rive sud, dominée par de hautes falaises couvertes de pins et d'ajoncs, est inaccessible. La rive nord, plus basse, offre de beaux points de vue et la possibilité de pratiquer tous les sports nautiques. À l'extrémité ouest, les étroites

▲ *Granite breton et ordonnance classique : le château de Caradeuc.*

gorges du Daoulas, hérissées d'aiguilles de schiste, le charmant hameau des Forges-des-Salles, les ruines de l'abbaye de Bon-Repos, l'étang de Fourneau, celui des Salles et son château, et la belle forêt de Quénécan offrent de nombreux buts de promenade. ■

Au temps de Lancelot et de Merlin l'Enchanteur

L'antique Brocéliande est aujourd'hui baptisée *forêt de Paimpont*. Décimée par les ponctions effectuées pour alimenter les forges voisines (mais replantée de pins), bordée au sud par les landes d'entraînement du camp de Saint-Cyr-Coëtquidan, elle est utilisée pour des recherches écologiques.

Frontons, pilastres, lucarnes et cheminées, un château Renaissance :
▼ *Kerjean, riche demeure du Léon.*

Dans le bourg, la basilique Notre-Dame-du-Roncier, de style gothique flamboyant, est célèbre pour son pardon (2ᵉ dimanche de septembre). Elle abrite le mausolée d'Olivier de Clisson, l'homme qui fit du château de Josselin l'une des plus puissantes forteresses de la Bretagne intérieure.

Une poussière de manoirs

Au visiteur qui a franchi la double herse de sa frontière, la Bretagne bretonnante se livre par petites touches impressionnistes, à travers une poussière de manoirs aux noms rauques. Ici, dans chaque creux

du relief, un hobereau a construit — ou ajouté sa pierre à l'édifice familial — en fonction de ses goûts, de ses besoins et, surtout, de ses possibilités.

Car les seigneurs bretons n'étaient pas tous riches, loin de là, et les conflits armés qui les opposaient à leurs voisins avaient souvent pour but principal la conquête d'un butin. Beaucoup de nobliaux, cadets de familles terriblement prolifiques en dépit d'une mortalité impressionnante, ne trouvaient pas déshonorant de cultiver eux-mêmes les lopins de terre qui entouraient leurs demeures, et nombre de celles-ci ressemblent davantage à des fermes fortifiées qu'à des châteaux. D'autres, tombées entre les mains de soudards, prenaient vite l'aspect de repaires, si bien que les manoirs bretons forment un ensemble

▲ *Adapté aux goûts simples, aux rudes matériaux
et aux moyens limités des nobles Bretons,
le style Renaissance des manoirs du Léon.
(Château de Kerouartz.)*

complexe, multiforme, trop varié pour que l'on puisse en dégager un type bien défini. Il faut partir à leur recherche en se laissant guider par l'inspiration, par l'attrait d'un chemin creux, d'un sous-bois solitaire, tout au long de cette frange de terrain qui, sous les ciels tourmentés de l'Armor et par les riches sols potagers du Penthièvre, du Trégorrois et du Léon, mène droit au bout du monde, à l'âpre pays des abers, ivre des gifles du vent et luisant de lumière liquide.

Au cœur de l'ancien comté de Penthièvre, on découvrira ainsi, non loin de Lamballe, les ruines imposantes du château de *la Hunaudaye*, qui se dressent à l'orée d'une magnifique forêt, dans un marais asséché, au fond d'un vallon solitaire. L'enceinte pentagonale, flanquée à chaque angle d'une grosse tour ronde, enferme les vestiges d'un logis Renaissance, mais le château, autrefois défendu par des douves et un pont-levis, a un aspect farouche. Élevé en 1220, rebâti en 1378 après les ravages de la guerre de la Succession, il était le fief de la puissante famille de Tournemine qui, malgré son haut lignage, n'hésitait pas à rançonner les imprudents qui s'aventuraient sur ses terres. L'évêque de Saint-Brieuc y perdit ses chevaux et ses bagages, et la duchesse Anne elle-même dut, dit-on, acquitter un péage. Miné et incendié durant la Révolution, le château est maintenant propriété de l'État, qui a entrepris certains travaux de restauration.

Tous les seigneurs du Penthièvre ne vivaient pas de rapines dans une tanière. Gilles de Bretagne, seigneur du *Guildo*, menait si joyeuse vie dans son château, sur l'estuaire de l'Arguenon, que l'on venait à ses fêtes de tous les environs, ce qui donna naissance à l'expression « courir le guilledou ». De cette plaisante demeure, il ne reste plus que des ruines. Le château de *la Touche-Trébry*, à côté de la pittoresque bourgade fortifiée de Moncontour, est au contraire intact et toujours habité. Avec ses mâchicoulis et ses grosses tours rondes, coiffées de toitures à bulbe, il a une allure très moyenâgeuse, bien qu'il ne date que du XVIe siècle.

Le Trégorrois possède deux spécimens très remarquables de manoirs fortifiés. Construits tous les deux au XVe siècle, ils sont cependant aussi dissemblables que possible.

Le château de *la Roche-Jagu*, bâti en nid d'aigle au-dessus de l'estuaire du Trieux dont il contrôlait le trafic, se présente comme un rectangle de granite presque aussi haut que large, posé de chant au sommet d'une pente boisée. Mi-forteresse, mi-résidence, il dresse du côté du fleuve une muraille rébarbative, percée de rares meurtrières et couronnée d'un chemin de ronde couvert, d'où l'on domine les méandres du Trieux. La façade opposée, beaucoup plus riante avec ses grandes fenêtres à meneaux, donne sur une vaste cour fermée. Le château a été entièrement restauré en 1967.

Le château de *Tonquédec*, près de Lannion, est resté dans l'état où l'a laissé le démantèlement ordonné en 1622 par Richelieu, mais ses

Mais les hauts lieux des contes celtiques et des chansons de geste n'ont rien perdu de leur solitude envoûtante. Pour peu qu'il flotte sous les hêtres une de ces brumes troublantes dont les étangs ont le secret, on entre tout naturellement dans ce monde où réalité et légende font bon ménage, et dont le recteur de Tréhorenteuc donne volontiers les clés : il a réuni dans son église une surprenante collection de tableaux, de bannières, de vitraux et de documents où voisinent le chemin de croix et la fée Morganc, le Cerf blanc et la quête du Saint-Graal des chevaliers de la Table ronde. On y apprend que l'enchanteur Merlin est toujours prisonnier du « buisson d'aubespine grant et bel » où l'avait enfermé la fée Viviane; que les preux chevaliers soupirant après la fée Morgane errent sans fin à sa recherche dans le Val sans retour; que si la fontaine de Barenton (ou Ballenton), où Merlin rencontra Viviane, paraît aujourd'hui bien étiolée, il suffisait autrefois de répandre quelques gouttes de son eau sur sa margelle pour que « en peu d'espace et plutôt que le seigneur ne aura peu recouvrez son château de Comper, il pleuve au pays si habundamment que la terre et les biens estours en ycelle soient arrousez »; que c'est au « dict château de Comper », enfoui sous les arbres, que naquit Viviane; que c'est au fond de l'étang qui baigne ses quatre lourdes tours en carré qu'elle garda près d'elle, dix-neuf années durant, le jeune Lancelot du Lac... et que le premier soin de celui-ci, en retrouvant la terre ferme, fut de déclarer sa flamme à Guenièvre, la femme du roi Arthur.

⟶

*Les ruines de Tonquédec,
forteresse démantelée
par ordre de Richelieu,*
▼ *s'élèvent dans un décor boisé.*

ruines constituent encore l'un des plus beaux ensembles féodaux de la Bretagne. Dans un site boisé, au-dessus de la verdoyante vallée du Léguer, jaillissent des tours magnifiques, des remparts altiers, des murailles de 4 m d'épaisseur et un énorme donjon isolé, du haut duquel on découvre les champs fertiles du Trégorrois, coupés de vallons encaissés.

Si ces deux châteaux sont plus forteresses que palais, ceux du Léon sont, dans l'ensemble, plus palais que forteresses. Mais ce n'est pas sans nostalgie que les hobereaux bretons renoncèrent à leurs fortifications, symboles de leur indépendance. En plein XVIIe siècle, le marquis de Rosmadec-Molac se fit encore construire, à *Kergornadeac'h*, près de Saint-Pol-de-Léon, un château fort — le dernier de

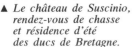
▲ *Le château de Suscinio,
rendez-vous de chasse
et résidence d'été
des ducs de Bretagne.*

Le château de *Comper* — un appareil de schiste de la fin du XIVᵉ siècle — a été beaucoup trop restauré pour présenter un autre intérêt que sa légende. À l'autre bout de la forêt, celui de *Trécesson* — fait du même schiste et à la même époque, également baigné par un étang — est beaucoup plus authentique et a gardé son aspect de gentilhommière fortifiée. ■

Vannes et Suscinio

Embusquée au fond du golfe du Morbihan, Vannes s'est libérée du carcan de ses remparts, et ses maisons ont lentement grignoté l'enceinte qui faisait d'elle une ville close. Les remparts ne sont plus visibles qu'au levant, mais ils ont fière allure : flanqués de tours massives, percés de portes fortifiées, couronnés d'un chemin de ronde, ils sont remarquablement mis en valeur par les magnifiques parterres à la française qui occupent l'emplacement des douves. Le château de l'Hermine, ancienne résidence des ducs de Bretagne, abandonné sous François Iᵉʳ lorsque le duché de Bretagne fut réuni à la France, démoli sous Louis XIV (ses pierres servirent à réparer les quais du port), fut reconstruit au XVIIIᵉ siècle.

Tout près de là, sur la presqu'île de Rhuys, le château de Suscinio, bâti au XIIIᵉ siècle et où les ducs vinrent chasser et se délasser jusqu'à ce que François Iᵉʳ le confisquât, resta au contraire intact jusqu'à la Révolution. Construit dans un site sauvage, au bord de la mer qui emplissait ses douves à

*Ruelles et vieux logis
font de Dinan
▼ une ville pittoresque.*

France! — typiquement médiéval; ses ruines, isolées dans les bois, ont fière allure. Quant à l'orgueil du Léon, le château de *Kerjean* — le « Versailles breton » —, édifié à partir de 1550, il est inspiré du château d'Anet et il a tout le charme du style Renaissance... mais il n'en est pas moins défendu par un fossé aussi large que profond et par des remparts de 12 m d'épaisseur!

Les propriétaires n'avaient pas toujours la chance de pouvoir piocher, comme ceux de Kerjean, dans la bourse bien remplie d'un oncle prélat pour ajouter un clocheton triangulaire à un puits, des arcades à l'italienne à une cour d'honneur, un fronton à colonnettes à un portail. Parfois, la sévérité du granite n'est adoucie que par la somptuosité de buissons d'hortensias ou par la fragance d'une glycine. Mais les châtelains firent toujours preuve d'un goût très sûr, même quand ils perchèrent, comme à *Tronjoly*, une lucarne flamboyante sur un toit Renaissance. *Kerouzéré* est encore médiéval avec ses grosses tours et ses mâchicoulis, *Kerouartz* et *Kergroadès* ont des dômes d'inspiration nettement Renaissance, et *Maillé* est un petit chef-d'œuvre du style classique...

Pèlerinage en pays gallo

À l'est du Penthièvre, entre la Rance et le Couesnon qui constituait autrefois la frontière française et qui, aujourd'hui, sépare la Bretagne de la Normandie, les châteaux perdent une partie de leur aura de mystère au profit d'une sorte de sérénité. Cette terre apaisée, qui s'aplanit jusqu'à l'enlisement dans la baie du Mont-Saint-Michel, favorise les pelouses rases, les allées droites et les buis bien taillés des jardins à la française. Le cadre appelle une architecture harmonieuse, et la nature s'accorde parfaitement avec les proportions régulières des façades classiques, allégées de hautes croisées à petits carreaux. Les Bretons ne s'y sont pas trompés, et ces façades se retrouvent d'un château à l'autre, autour d'une cour d'honneur à *Beaumanoir*, agrémentées de lucarnes, d'œils-de-bœuf et d'un escalier en fer à cheval à *Couëlan*, encadrées d'un portique à colonnes et d'une majestueuse terrasse à *Caradeuc*. Parfois même elles sont enjolivées par un brin de fantaisie, comme l'enchevêtrement de poivrières, de dômes, de coupoles, de clochetons et de toitures à la Mansart posé sur les murs de *la Bourbansais*.

La rudesse féodale n'a pas, pour autant, complètement disparu, mais elle est plus discrète. Si, à *Montmuran* où Du Guesclin fut armé chevalier et épousa Jeanne de Laval, il reste un châtelet d'entrée comparable à celui de Vitré (et, comme lui, pourvu de son pont-levis), deux châteaux forts surtout méritent d'être signalés : Landal et Combourg. Et ils se ressemblent : carrés, si ramassés qu'ils étouffent

▲ *Bâti par les bourgeois de Morlaix
à l'entrée de leur «rivière»,
le château du Taureau défendait la ville
contre les incursions anglaises.*

chaque marée, il est encore très imposant. L'enceinte rectangulaire, autrefois défendue par huit tours (dont six sont encore debout), enferme une vaste cour intérieure dont les bâtiments ruinés ont conservé leurs énormes cheminées. ■

Port-Louis le malchanceux

À l'entrée de l'estuaire du Blavet, au fond duquel se rencogne Hennebont et dont la rade de Lorient occupe une bonne partie, la ville close de Port-Louis somnole sur sa presqu'île, à l'abri de ses remparts empanachés de verdure. Le développement de Lorient lui a porté un coup fatal, et le port, qui abrita les vaisseaux de la Compagnie des Indes et les navires de course de

*Relié à la terre par un pont,
un îlot dont les maisons se blottissent
derrière d'épaisses murailles :
▼ la ville close de Concarneau.*

entre leurs grosses tours d'angle à hennin d'ardoise, et... très restaurés.

C'est sans grande importance à *Landal,* dont le charme réside surtout dans la flânerie sous les chênes, le long du lac et dans l'allée encaissée qui conduit jusqu'aux remparts de la cour d'honneur.

C'est dommage à *Combourg.* Non que le parc à l'anglaise et le perron jeté, au siècle dernier, jusqu'à l'entrée ouverte au premier étage, aient affadi l'allure féodale (XIᵉ, XIVᵉ et XVᵉ s.) de l'ancienne demeure de Du Guesclin, mais le visiteur vient d'abord chercher ici l'atmosphère pesante qui exalta le caractère «distrait, triste, ardent, farouche» d'un enfant nommé François René de Chateaubriand. Or, cette atmosphère n'a pas semblé présenter un intérêt historique lors des grands aménagements intérieurs entrepris au XIXᵉ siècle. La salle des gardes, dont M. de Chateaubriand père arpentait silencieusement les ténèbres après le souper, a été coupée en deux. Le visiteur se consolera dans «l'espèce de cellule isolée au haut de la tourelle du Chat», où le futur auteur des *Mémoires d'outre-tombe* emmagasinait des sensations fortes avec «les chouettes voletant d'une tour à l'autre [...], les lais du vent gémissant dans les mousses flétries» et l'attente de la promenade des revenants officiels, un chat noir et un homme à jambe de bois.

Quand le péril vient de la mer

Si les Français piétinaient à la frontière, les Anglo-Normands, peuple de marins, guignaient surtout les points de la côte où leurs navires pouvaient accoster. Les plus vulnérables, sur ces rivages déchiquetés, étaient les abers, ces profondes vallées noyées par la mer. A marée basse, ils n'impressionnent guère : le courant s'y réduit à un filet malingre, errant dans la vase. Mais le flux les rend navigables jusque très loin en amont. Des villes ou des villages se sont fixés au point atteint par la haute mer, pour faire office de ports, de ponts, de centres de commerce et de garde-côtes. Étagés sur la rive escarpée, ils ont parfois jugé utile, au Moyen Âge, d'accentuer les avantages de leur situation par de solides remparts, au besoin épaulés d'un château fort.

Dinan est la plus pittoresque de ces petites cités fortifiées. Haut perchée au-dessus d'un ravin, elle veillait sur le seul pont qui franchît alors l'estuaire de la Rance, une arcade gothique encore solide. La vieille ville a conservé son aspect médiéval, et l'on s'y perd dans un dédale — voulu par les stratèges! — de rues aux noms évocateurs (de la Ferronnerie, de la Cordonnerie, de la Lainerie...), dont les maisons pansues, bossues, bancales ont été aménagées avec goût par des antiquaires qualifiés. C'est aussi une ville coquette, gaie, fleurie et

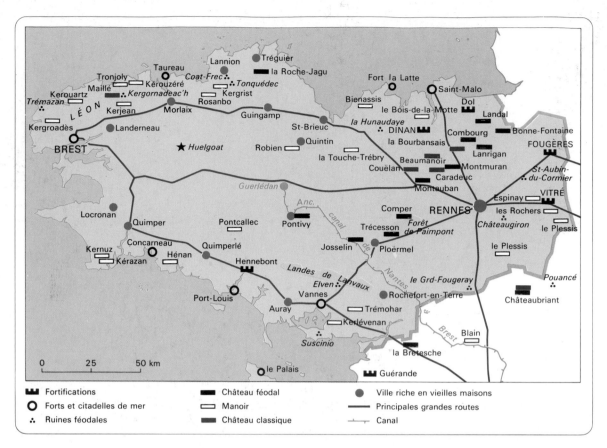

Fortifications ⚜

Forts et citadelles de mer ○

Ruines féodales ∴

Château féodal ▬

Manoir ▭

Château classique ▬

Ville riche en vieilles maisons ●

Principales grandes routes ——

Canal ⊢⊣

0   25   50 km

corsaires tels que Duguay-Trouin, n'héberge plus que de modestes bateaux de pêche.

Au moment des guerres de Religion, la ville s'appelait Blavet. Tenue par les protestants, elle fut enlevée, en 1590, par les catholiques du duc de Mercœur, qui la dévasta et la livra aux Espagnols, ses alliés. Ceux-ci entreprirent la construction de la citadelle qui occupe la pointe ouest de la presqu'île. Après l'édit de Nantes (1598), la ville prit le nom de Port-Louis en l'honneur de Louis XIII, et ses gouverneurs terminèrent la forteresse, qui abrite maintenant un musée naval.

Si les deux bastions qui flanquent le grand portail de la citadelle furent édifiés au XVIᵉ siècle par le général espagnol Juan del Aguila, les remparts qui ceinturent la ville, restés intacts en dépit des terribles bombardements de 1945, datent de la Fronde (1648-1652). Ils enferment encore quelques-unes des nobles demeures que leurs occupants ne quittèrent qu'à regret, lorsque la Compagnie des Indes s'établit à Lorient (1733) et que Port-Louis devint « un vieux gentilhomme dans le voisinage d'un financier » (Bernardin de Saint-Pierre). Au pied des indestructibles murailles de granite, une belle plage ensoleillée amène de nouveaux visiteurs à la vieille cité délaissée. ■

feuillue, où il fait bon flâner le long des remparts, de tour en tour (rondes et, pour la plupart, du XIVᵉ s.), après l'arrêt rituel devant la porte fortifiée de Jerzual, qui commandait le passage du vieux pont.

Le château est un curieux donjon oblong, de 34 m de haut, aux mâchicoulis très saillants, édifié (toujours au XIVᵉ s.) par les ducs de Bretagne. Ses hautes salles abritent un musée folklorique, et sa plate-forme offre un magnifique panorama sur la vallée boisée de la Rance.

Battues par les flots, les villes closes

Il est évident que ces abris au fond d'estuaires n'autorisaient que des mouvements et des tonnages réduits. À de plus hautes ambitions, il fallait des sites de plus d'envergure. Vannes, Brest, Port-Louis, Concarneau, Saint-Malo siègent dans de larges baies. Les deux premières, qui sont les plus anciennes (elles ont conservé des traces de substructures romaines), occupent l'emplacement le plus classique : le creux de la rade. Les autres font preuve de plus de recherche : Port-Louis sur sa presqu'île, Concarneau et Saint-Malo sur leurs îles, reliées à la terre par un pont ou par une digue, se sont transformées en « villes closes » en s'entourant d'une ceinture de remparts. Ceux-ci sont généralement intacts, alors que les maisons qu'ils enfermaient ont parfois terriblement souffert de la dernière guerre. (Un tiers des maisons de Port-Louis, la quasi-totalité des demeures du XVIIᵉ s. de Saint-Malo, rasés!)

La ville close de *Concarneau*, du fait de ses dimensions réduites qui permettent d'apprécier d'un coup d'œil sa situation et son architecture, est probablement la plus typique de ces citadelles de la mer. Au XVᵉ siècle, nous apprend une ancienne chronique, « cest endroit fortifié n'estoit qu'une retraite à voleurs et gens de corde ». Cela prouve qu'ils savaient jauger la situation... Hermétiquement clos derrière la ligne ininterrompue de ses remparts à créneaux et à mâchicoulis, assez épais pour défier tous les boulets, et retranché sur son îlot, au cœur d'une baie, derrière deux ponts successifs — d'une étroitesse voulue —, séparés par un ouvrage avancé, ce refuge pouvait leur assurer une longue et heureuse vie.

Laissez-vous charmer par la nuance chaude du granite et par l'animation de la baie, qui font les délices des peintres et des photographes; mais, ensuite, examinez courtines et échauguettes d'un

œil plus critique et élaguez les murailles de leurs bastions anguleux, dons de Vauban. Ce qui reste — édifié au XIVᵉ siècle et rebâti au XVIᵉ — pouvait suffire, en 1373, à rejeter par trois fois les assauts de Du Guesclin, venu reprendre la place aux Anglais, et pouvait encore, sous la Ligue, obliger les calvinistes, puis les Concarnois, à recourir à la ruse pour investir d'abord, pour délivrer ensuite, Concarneau...

Ces défenses permettaient même aux habitants de se passer, dans leur enceinte, de l'habile enchevêtrement de rues dans lequel Dinan égarait ses assaillants. Le plan est même fort simple : une grande rue bien droite, dans laquelle brocanteurs et marchands de souvenirs racolent le touriste. Mieux vaut consacrer son temps à la visite des anciennes prisons qui se dressent à l'entrée de la Ville close et abritent un intéressant musée de la pêche (aquarium).

Contre les corsaires, des sentinelles avancées

Mais il ne suffisait pas toujours de s'enfermer derrière des remparts. L'ennemi guettait, toutes voiles dehors, à l'abri du premier cap, pour foncer sur les corvettes et les frégates dès qu'elles quittaient la protection des canons du port. Alors, on couvrit la sortie des navires par des forts placés aux points stratégiques. La baie de Saint-Malo bat tous les records dans ce domaine avec une véritable ceinture de forteresses éclaboussées par les vagues : Fort national, Petit-Bé, Cézembre, la Conchée, Harbour et, au loin, sur la rouge muraille du cap Fréhel, le fort la Latte.

Morlaix, qui semble bien à l'abri au fond de son estuaire, était tellement exaspérée par les raids auxquels se complaisaient les Anglais, ses ennemis héréditaires (« S'ils te mordent, mords-les! »), que, en 1542, la coupe déborda : la ville fit construire à ses frais, en avant-poste sur un rocher de la rade, le château du *Taureau*, au mufle tourné vers le nord. Jusqu'en 1660, elle y entretint sa propre garnison. Louis XIV mit le holà à cet exorbitant privilège en confisquant la place. Vauban y apporta plusieurs aménagements, dont la première batterie rasante de canons de gros calibres, dans onze casemates voûtées. Plus tard — et comme bien d'autres —, le Taureau fut transformé en prison. Il se referma pour près d'un an sur La Chalotais, un procureur général que Louis XV avait rendu responsable du refus opposé par le parlement de Bretagne à l'enregistrement de nouveaux impôts.

Index

Les lettres placées devant l'indication des pages renvoient aux chapitres suivants :

MEG (Mégalithes, golfes et grèves, la Bretagne du Midi)
CF (Les grands caps du Finistère)
CGR (La Bretagne du granite rose)
EM (Dentelle de granite et blondes plages, la Côte d'Émeraude)
IB (Îles bretonnes, figures de proue de la France)
ARB (Foi et superstition, l'art religieux breton)
FMB (La Bretagne des citadelles et des châteaux)

Les pages sont indiquées en **gras** lorsqu'il s'agit d'une illustration, en *italique* pour le renvoi à la carte.